Jan André Zacke

Ökologische Aspekte im Automobil-Marketing

Jan André Zacke

Ökologische Aspekte im Automobil-Marketing

Analyse der Nutzung von Umweltaspekten in der Werbung von Automobilherstellern und Ableitung von Handlungsempfehlungen

VDM Verlag Dr. Müller

Impressum/Imprint (nur für Deutschland/ only for Germany)
Bibliografische Information der Deutschen Nationalbibliothek: Die Deutsche Nationalbibliothek verzeichnet diese Publikation in der Deutschen Nationalbibliografie; detaillierte bibliografische Daten sind im Internet über http://dnb.d-nb.de abrufbar.
Alle in diesem Buch genannten Marken und Produktnamen unterliegen warenzeichen-, marken- oder patentrechtlichem Schutz bzw. sind Warenzeichen oder eingetragene Warenzeichen der jeweiligen Inhaber. Die Wiedergabe von Marken, Produktnamen, Gebrauchsnamen, Handelsnamen, Warenbezeichnungen u.s.w. in diesem Werk berechtigt auch ohne besondere Kennzeichnung nicht zu der Annahme, dass solche Namen im Sinne der Warenzeichen- und Markenschutzgesetzgebung als frei zu betrachten wären und daher von jedermann benutzt werden dürften.

Coverbild: www.purestockx.com

Verlag: VDM Verlag Dr. Müller Aktiengesellschaft & Co. KG
Dudweiler Landstr. 125 a, 66123 Saarbrücken, Deutschland
Telefon +49 681 9100-698, Telefax +49 681 9100-988, Email: info@vdm-verlag.de

Herstellung in Deutschland:
Schaltungsdienst Lange o.H.G., Zehrensdorfer Str. 11, D-12277 Berlin
Books on Demand GmbH, Gutenbergring 53, D-22848 Norderstedt
Reha GmbH, Dudweiler Landstr. 99, D- 66123 Saarbrücken
ISBN: 978-3-639-07901-2

Imprint (only for USA, GB)
Bibliographic information published by the Deutsche Nationalbibliothek: The Deutsche Nationalbibliothek lists this publication in the Deutsche Nationalbibliografie; detailed bibliographic data are available in the Internet at http://dnb.d-nb.de.
Any brand names and product names mentioned in this book are subject to trademark, brand or patent protection and are trademarks or registered trademarks of their respective holders. The use of brand names, product names, common names, trade names, product descriptions etc. even without
a particular marking in this works is in no way to be construed to mean that such names may be regarded as unrestricted in respect of trademark and brand protection legislation and could thus be used by anyone.

Cover image: www.purestockx.com

Publisher:
VDM Verlag Dr. Müller Aktiengesellschaft & Co. KG
Dudweiler Landstr. 125 a, 66123 Saarbrücken, Germany
Phone +49 681 9100-698, Fax +49 681 9100-988, Email: info@vdm-verlag.de

Copyright © 2008 VDM Verlag Dr. Müller Aktiengesellschaft & Co. KG and licensors
All rights reserved. Saarbrücken 2008

Produced in USA and UK by:
Lightning Source Inc., 1246 Heil Quaker Blvd., La Vergne, TN 37086, USA
Lightning Source UK Ltd., Chapter House, Pitfield, Kiln Farm, Milton Keynes, MK11 3LW, GB
BookSurge, 7290 B. Investment Drive, North Charleston, SC 29418, USA
ISBN: 978-3-639-07901-2

„Die Zukunft der natürlichen Umwelt ist auch unsere Zukunft. Wir müssen unsere Wirtschaftsweise ändern und die Umweltprobleme als Chance sehen; als Herausforderung zu neuem Denken und Handeln in der Wirtschaft. Wir brauchen neue Konzepte für ein Wirtschaften im Einklang mit der Natur, denn nur das ökologisch Richtige ist langfristig auch ökonomisch richtig."

Klaus Michael Meyer-Abich, deutscher Physiker und Philosoph

Inhaltsverzeichnis

Inhaltsverzeichnis I
Abbildungsverzeichnis IV
Anzeigenverzeichnis IV

1 Einleitung 1
    1.1 Problemstellung 1
    1.2 Zielsetzung und Vorgehensweise der Untersuchung 2
        1.2.1 Zielsetzung 2
        1.2.2 Methodik und Vorgehensweise der Untersuchung 3
    1.3 Abgrenzung zentraler Begriffe 4
        1.3.1 Automobil-Marketing 4
        1.3.2 Öko-Marketing 6
        1.3.3 Werbung 11

2 Analyse der Rahmenbedingungen des Automobil-Marketing unter besonderer Berücksichtigung von Umweltaspekten 14
    2.1 Industriepolitische und rechtliche Einflussfaktoren 15
    2.2 Wirtschaftliche Faktoren 17
        2.2.1 Analyse des Automobilmarktes 17
        2.2.2 Volkswirtschaftliche Einflussfaktoren 19
    2.3 Soziokulturelle und psychografische Rahmenbedingungen ... 21
        2.3.1 Wertewandel und Veränderung des Konsumentenverhaltens 21
        2.3.2 Demographische Entwicklungstendenzen 23
    2.4 Technologische Rahmenbedingungen 25
        2.4.1 Gründe für die Forderung nach sparsameren Antrieben 25
        2.4.2 Modifizierte und neue Antriebe 26
        2.4.3 Life Cycle Costing 28
    2.5 Ökologische Einflussfaktoren 29
        2.5.1 Ressourcenverknappung und globale Erderwärmung 29

2.5.2 Verkehrsaufkommen 32

2.6 Fazit PESTE-Analyse 33

3 Theoretische und konzeptionelle Grundlagen der Werbung von Automobilherstellern mit Umweltaspekten 37

3.1 Einleitung 37

3.2 Aufbau und Inhalt der Werbekonzeption 40

   3.2.1 Werbeziele 40

   3.2.2 Zielgruppenplanung 41

   3.2.3 Werbebotschaft 45

   3.2.4 Werbebudget 48

   3.2.5 Werbeträger und -mittel 49

   3.2.6 Werbeerfolgskontrolle 51

3.3 Gestaltung der Werbebotschaft 52

   3.3.1 Rahmenbedingungen der Werbegestaltung in der Automobilbranche 52

   3.3.2 Gestaltungsprinzipien von Automobil-Werbung 54

   3.3.3 Gestaltungsprinzipien von ökologischer Werbung 56

4 Analyse ausgewählter (Fall-)Beispiele 58

4.1 Erläuterung Vorgehensweise 58

4.2 Werbeträger und deren Zielgruppen 58

   4.2.1 Der Spiegel 59

   4.2.2 Stern 60

4.3 Analyse 61

   4.3.1 Beschreibung der Anzeige des Toyota Prius 61

   4.3.2 Analyse der Anzeige des Toyota Prius 63

   4.3.3 Beschreibung der Anzeige des Audi A3 65

   4.3.4 Analyse der Anzeige des Audi A3 67

   4.3.5 Beschreibung der Anzeige des Mercedes-Benz CLC Sportcoupé 69

   4.3.6 Analyse der Anzeige des Mercedes-Benz CLC Sportcoupé 71

   4.3.7 Beschreibung der Anzeige des Honda FCX Clarity 72

   4.3.8 Analyse der Anzeige des Honda FCX Clarity 74

4.4 Bewertung der Anzeigenwerbungen 76

5 Strategische Handlungsempfehlungen 82

5.1 Handlungsempfehlungen für die strategische Ausrichtung der Automobilhersteller 82

5.2 Handlungsempfehlungen für das Markenmanagement und die Werbung von Automobilunternehmen 84

6 Schlusswort 86

Anhang V

Literaturverzeichnis VII

Quellenverzeichnis IX

Abbildungsverzeichnis

Abbildung 1: Verlauf der Untersuchung 4
Abbildung 2: Entwicklung des Öko-Marketing 8
Abbildung 3: Umweltorientierung der Absatzleistung im Spannungsfeld verschiedener Einflüsse 10
Abbildung 4: PKW-Neuzulassungen im Zeitraum 1990 bis 2005 18
Abbildung 5: Die Konsolidierung der Weltautomobilindustrie 19
Abbildung 6: Motivstruktur beim Automobilkauf 22
Abbildung 7: Entwicklung der Marktsegmente im deutschen Automobilmarkt ... 24
Abbildung 8: Temperaturentwicklung auf der Erde 30
Abbildung 9: Auswirkungen von zwei ökologischen Treibern auf die Automobil-Gesellschaft 31
Abbildung 10: Globale Motorisierung 32
Abbildung 11: Triebkräfte-Matrix der Automobilindustrie 34
Abbildung 12: Werbeausgaben ausgewählter Automobilhersteller 38
Abbildung 13: Inhalt und Rahmen der Werbeplanung 39
Abbildung 14: Vorgehen im Rahmen der Zielgruppenplanung 43
Abbildung 15: Strategien der Marktbearbeitung 44
Abbildung 16: Werbemittel und Werbeträger im Überblick 50
Abbildung 17: Methoden zur Messung des Werbeerfolgs 52
Abbildung 18: Werbeanalytische Zusammenfassung der vier Printanzeigen ... 77
Abbildung 19: Werbepositionierungsmatrix der vier analysierten Anzeigen 80
Abbildung 20: Treibhausgase aus dem Auto V
Abbildung 21: Der Mediamix ausgewählter Automobilhersteller im Jahr 2005 ... VI
Abbildung 22: Klassifizierung des Modells- und Variantenangebotes im Automobilmarkt . VI

Anzeigenverzeichnis

Anzeige 1: Toyota Prius 62
Anzeige 2: Audi A3 66
Anzeige 3: Mercedes-Benz CLC Sportcoupé 70
Anzeige 4: Honda FCX Clarity 73

1 Einleitung

1.1 Problemstellung

Nach der Jahrtausendwende vor acht Jahren wurde eine lang gehegte Befürchtung Gewissheit: Der Mensch ist verantwortlich für die *globale Erderwärmung* – ein physikalischer Prozess, der zu einem durchschnittlichen Temperaturanstieg der Erdatmosphäre und der Meere beiträgt.

Auswirkungen der von Menschen verursachten Klimaveränderung sind die Zunahme von Naturgewalten wie Dürren, Überschwemmungen und Tornados sowie Trinkwasserverknappung und das Aussterben zahlreicher Tierarten. Außerdem steigt der Meeresspiegel in Folge des Abschmelzens der Eisschichten am Nord- und Südpol. Menschen, die ihren Lebensraum aufgrund des gestiegenen Wasserspiegels verlassen müssen, und eine höhere Wahrscheinlichkeit von Sturmfluten sind bereits jetzt schon die Folge.

Analog zu diesen Entwicklungen geht der Menschheit das Öl, bislang Garant und Antrieb für technologischen Fortschritt sowie menschliche Leistungskraft, aus bzw. die Förderung unerschlossener Quellen wird so kostenintensiv, dass Treibstoff unbezahlbar werden wird.

Aber ein Teil der Menschheit entwickelt ein ökologisches Gewissen und hat sich ehrgeizige Ziele gesetzt, den Klimawandel zu bekämpfen. Sie forscht fieberhaft nach Ersatz für die herkömmlichen Treibstoffe. Eine tiefgreifende Bewusstseinsänderung in Richtung des Umweltschutzes und der Folgen menschlichen Handelns vollzieht sich derzeit und findet immer mehr Anhänger.

Was aber hat die Automobilwirtschaft mit diesen Veränderungen zu tun?

Negativ zu diesen Energie- und Klima-Veränderungen trägt das Fortbewegungsmittel *Auto*, angeblich des Deutschen „liebstes" Kind, bei. Es verbraucht nicht nur Benzin und Diesel. Es setzt auch noch durch die Verbrennung der Treibstoffe Kohlendioxid frei, das erheblich zu dem Treibhauseffekt respektive der Erderwärmung beiträgt. So verkommt das Fortbewegungsmittel Nummer 1, das für individuelle Bewegungsfreiheit, Status und symbolisch für den Aufstieg vieler Volkswirtschaften und Gesellschaftsschichten steht, zum Sündenbock für die derzeitige Klimasituation.

Der Faktor Mensch spielt folglich den Protagonisten in dieser Tragödie. Er ist derjenige, der die Natur ausbeutet, und der Auslöser dieser Entwicklungen. Gleichzeitig ist er aber auch das gute Gewissen, der – zumindest in westlichen Gesellschaften – zu einer umweltfreundlichen Denkweise zurückkehrt, und die Lösung. Es ist keine Sackgasse, in die die Menschheit läuft. Vielmehr hat sie ihr eigenes Schicksal in der Hand. Sie kann die Erderwärmung zügeln sowie die Abhängigkeit von der Ressource Öl beenden.

Automobilhersteller reagieren auf diese Veränderungen, indem sie alternative Antriebe erforschen, die herkömmlichen Motoren verbrauchsärmer machen und ihre ökologisch sinnvollen Bestrebungen kommunizieren. Jedoch verhalten sich die Automobilunternehmen in Bezug auf ihre Kommunikation und strategische Ausrichtung sehr unterschiedlich. Die Verunsicherung der Branche wird an mehreren Stellen offensichtlich. Sie streitet darüber, welcher Antrieb der zukunftfähigste und welches Kommunikationskonzept das adäquateste sein könnte.

In dieser Arbeit sollen die signifikantesten derzeitigen und zukünftigen Rahmenbedingungen der Automobilindustrie aufgezeigt werden. Weiter werden Automobil- und Öko-Werbung analysiert, um im Anschluss aktuelle Automobilwerbung hinsichtlich ihrer ökologischen Bestandteile zu untersuchen und Handlungsempfehlungen geben zu können.

1.2 Zielsetzung und Vorgehensweise der Untersuchung

1.2.1 Zielsetzung

Die vorliegende Arbeit hat sich zum Ziel gesetzt, Autowerbung in Bezug auf ökologische Aspekte zu untersuchen und zu bewerten. Davon ausgehend werden strategische Empfehlungen für das Automobil-Marketing abgeleitet. Automobilwerbung mit ökologischen Aspekten unter Rücksicht auf neue und effizientere Antriebsmöglichkeiten stellt ein noch sehr junges Tätigkeitsfeld im Marketing dar. Es sollen deshalb Zusammenhänge zwischen Automobilherstellern, potentiellen Zielgruppen und dem Grad der Intensität des Umwelt-Marketing analysiert und veranschaulicht werden. Ferner sollen diejenigen Faktoren, die zu Öko-Marketing in der Automobil-Werbung führen, identifiziert und in einen globalen Zusammenhang hinsichtlich der jüngsten Umweltentwicklungen gebracht werden.

Ob die Möglichkeit besteht, Wettbewerbsvorteile durch ökologische Aspekte in der Automobilwerbung generieren zu können, soll kritisch reflektiert werden. Auch die Fragestellung, ob Autohersteller ökologische Aspekte in ihre Kommunikation integrieren sollten, wird in der vorliegenden Arbeit behandelt. Die Beantwortung der Fragen, weshalb Autohersteller zunehmend mit der Umweltverträglichkeit ihrer Autos werben und welche Entwicklungen des Automobil-Marketing in Zukunft zu erwarten sind, stellen ebenfalls einen Gegenstand dieser Arbeit dar.

1.2.2 Methodik und Vorgehensweise der Untersuchung

Die vorliegende Arbeit orientiert sich an einem von Ulrich beschriebenen Modell eines Forschungsprozesses. Die insgesamt sieben Phasen beginnen mit der Benennung des zentralen Problems (Phase 1). Kapitel 1 und 2 beziehen sich auf diese Phase, in der die derzeitigen Probleme und Herausforderungen der Automobilindustrie gezeigt werden und in der ein einheitliches begriffliches Verständnis gelegt wird. Die Phasen 2 und 3 dienen der Erläuterung der angewandten Forschungsmethoden und werden in Kapitel 3 erfasst. In diesem Kapitel wird die Werbetheorie in Bezug auf Öko- und Automobil-Marketing erläutert. In Phase 4 wird der Gegenstand der Untersuchung definiert und Fälle aus der Praxis werden beispielhaft untersucht. Phase 5 beurteilt die Fallbeispiele anhand von Kriterien und entwickelt Gestaltungsregeln. Diese zwei Phasen werden im vierten Kapitel, in der die Analyse und die anschließende Bewertung stattfinden, dargestellt. Als nächste Phase wird nach Ulrich der Bezugsrahmen empirisch geprüft. Dieser Punkt wird nicht Bestandteil der Arbeit sein, da das vorliegende Werk eine theoretische Arbeit darstellt. Phase 7 befasst sich mit der Verwendung der Ergebnisse in der Praxis. Kapitel 5, in dem Handlungsempfehlungen gegeben werden, widmet sich dieser Phase.[1]

Nachdem die Problemstellung dargelegt worden ist, werden im ersten Kapitel die zentralen Begriffe dieser Untersuchung „Automobil-Marketing", „Öko-Marketing" und „Werbung" erläutert. Im zweiten Kapitel wird der deutsche Automobilmarkt analysiert, Davon ausgehend werden zentrale Probleme und zukünftige Entwicklungen der Automobilwirtschaft identifiziert. Das dritte Kapitel befasst sich mit den konzeptionellen Grundlagen von Werbung in Bezug auf Ökologie und das Automobil. Es zeigt, welche Gestaltungsmittel der Automobilwirtschaft zur Verfügung stehen und nach welchen Werberegeln Anzeigen konzipiert sind. Kapitel 4 analysiert Fallbeispiele von Automobilanzeigen in Publikumszeitschriften. Die Ergebnisse werden anschließend mit der erarbeiteten Theorie verglichen. Dadurch werden Rückschlüsse auf die Qualität der Anzeigen möglich. Das fünfte Kapitel gibt Handlungsempfehlungen unter Berücksichtigung ökologischer und auch anderer

---

[1] Vgl. Ulrich (1981), S. 17ff.

Entwicklungen, die die Automobilindustrie tangieren. Im letzten Kapitel werden die wichtigsten Ergebnisse der Untersuchung zusammengefasst. Abbildung 1 zeigt den Gang der Untersuchung.

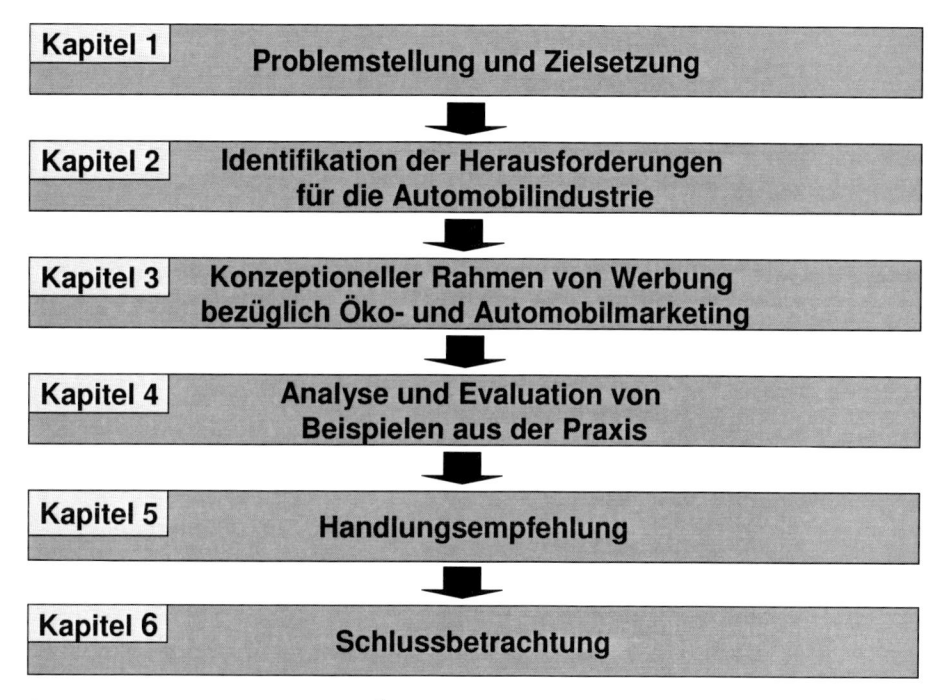

Kapitel 1	Problemstellung und Zielsetzung
Kapitel 2	Identifikation der Herausforderungen für die Automobilindustrie
Kapitel 3	Konzeptioneller Rahmen von Werbung bezüglich Öko- und Automobilmarketing
Kapitel 4	Analyse und Evaluation von Beispielen aus der Praxis
Kapitel 5	Handlungsempfehlung
Kapitel 6	Schlussbetrachtung

Abbildung 1: Verlauf der Untersuchung[2]

1.3 Abgrenzung zentraler Begriffe

Die vorliegende Arbeit analysiert Anzeigenwerbung von Automobilen in Publikumszeitschriften. Automobilwerbung wird hinsichtlich ihrer ökologischen Bestandteile untersucht. Die Anzeigen beinhalten somit verschiedene Aspekte des Marketing und der Werbung. Um eine einheitliche Definitionsgrundlage zu schaffen, wird aufgrund dessen eine inhaltliche Abgrenzung der unterschiedlichen Begrifflichkeiten vorgenommen.

1.3.1 Automobil-Marketing

Dieser Arbeit liegt ein modernes Marketingverständnis zu Grunde, das sich an einer *marktorientierten Unternehmensführung* orientiert. Marketing besteht demnach aus „unternehmensinternen Prozessen wie Planung, Koordination und Kontrolle als auch aus

---

[2] Eigene Darstellung.

unternehmensexternen Prozessen wie der Gestaltung aller, auch nicht ökonomischer, Austauschbeziehungen".[3]

Von zunehmender Bedeutung wird sein, wie ein Unternehmen konkrete Lösungsansätze für sich ständig ändernde Rahmenbedingungen findet. Dieses Erfordernis führt zu branchen- und unternehmenstypspezifischen Marketingkonzepten. Automobilhersteller müssen heutzutage die verschiedensten ökologischen, sozialen sowie ethischen Interessen befriedigen und treffen dabei auf eine hohe Anzahl an verschiedenen Stakeholdern wie Staat, Mitarbeiter, Gewerkschaften, Lieferanten etc. In diesem Zusammenhang wird deutlich, dass ein integrativer Marketingansatz und somit Marketing als zentrale Unternehmensfunktion verfolgt werden muss, wenn das Unternehmen erfolgreich am Markt operieren will.[4]

Möhlen verdeutlicht den Begriff Automobil-Marketing, indem er „spezifische Marktbedingungen der Automobilbranche (Nachfrageverhalten, Wettbewerbsintensität, Marktwachstum etc.)" analysiert.[5] Als Resultat der Markteintritte neuer Anbieter auf dem deutschen Automobilmarkt Ende der 80er Jahre intensivierte sich der Wettbewerb zwischen den Automobilherstellern; eine marktorientierte Unternehmensführung wurde zunehmend bedeutender. Bis heute ist eine Folge dieser Entwicklung, dass Märkte genauer segmentiert werden müssen, um kundenspezifische Angebote zu entwickeln. Distribution und Kommunikation als Bestandteile des Marketing Mix wurden im Sinne einer wichtigeren Rolle der Automobilhändler respektive der werblichen Ansprache ein höherer Stellenwert zugeordnet. In den 90er Jahren stieg der Wettbewerbsdruck nochmals an und das Marketing, das zumeist ausschließlich operative Aufgaben zu erfüllen hatte, wurde um strategische Aspekte, die Markt, Unternehmen und Gesellschaft berücksichtigen, erweitert. Branchenspezifische Herausforderungen werden in Zukunft eine rückläufige Nachfrage in den Triademärkten Europa, USA und Japan, ein weiterhin intensiv geführter Wettbewerb sowie eine Individualisierung der Kunden, die eine höhere Differenzierung von Modellen und Modellvarianten bedingt, sein.[6]

Des Weiteren muss sich das Marketing im Automobil-Bereich auf verschiedene Aspekte des Kauf- und Marktverhaltens einstellen. Der Automobilmarkt ist beispielsweise in einen Neu- und Gebrauchtwagenmarkt zu unterscheiden. So wurden im Jahr 2007 6,28 Millio-

---

[3] Möhlen (2007), S. 38.
[4] Vgl. Hünerberg; Heise; Hoffmeister (1995), S. 6ff.
[5] Möhlen (2007), S. 15.
[6] Vgl. ebd., S. 3f.

nen PKW umgeschrieben und 3,15 Millionen PKW neu zugelassen, wobei das Umsatzvolumen auf dem Neuwagenmarkt weit höher als auf dem Gebrauchtwagenmarkt ist.[7] Außerdem sind der After Sales Bereich, das Ersatzteilgeschäft sowie der Markt für Finanzdienstleistungen (Leasing, Kreditfinanzierung) unter dem Gesichtspunkt der Umsatzrentabilität für die Automobilwirtschaft bedeutend. Automobil-Marketing konzentriert sich folglich nicht mehr nur auf den klassischen Neuwagenmarkt, sondern muss seinen Fokus auf weitere automobil-relevante Märkte legen, damit sich der Automobilhersteller auf dem Markt bewähren kann. Die Erfolgspotentiale nachgelagerter Wertschöpfungsprozesse werden mittels eines *Downstream-Managements*, das nachgelagerte Abläufe integriert und zunehmend von Automobilherstellern verfolgt wird, realisiert.[8]

Kotlers universal anwendbare Marketingdefinition, *"marketing the art and science of choosing target markets and getting, keeping, and growing customers through creating, delivering, and communicating superior customer value"*[9], besitzt – bezogen auf die Herausforderungen und Umstände der Automobilbranche – für das Automobil-Marketing und, wie aus dem folgenden Abschnitt ersichtlich wird, auch für das Öko-Marketing Gültigkeit.

1.3.2 Öko-Marketing

Geschichtliche Einordnung

Das ökologisch orientierte Marketing fand seinen Ursprung in Deutschland gegen Ende der 70er Jahre durch ein gestiegenes Umweltbewusstsein der Konsumenten und intensiv geführter Umweltschutzdiskussionen. Hüser stellt fest, dass zu Beginn der 70er Jahre eine erste gedankliche Beschäftigung von Umweltfragestellungen in der betriebswirtschaftlichen Forschung um sich griff (siehe Abbildung 2). Ausgehend von allgemeinen Auswirkungen von Umweltproblemen wurden ökologische Einflüsse im Recycling, im Operation Research oder auch im Rechnungswesen erörtert. Ende der 70er Jahre fand das ökologisch-orientierte Marketing seinen Ursprung in europäischen Unternehmen und wurde in umweltbezogene Maßnahmen involviert. Es wurde ersichtlich, dass umweltschutzbezogene Themenfelder in die strategische und operative Unternehmensführung, u.a. wegen eines gestiegenen Umweltbewusstseins, der Konsumenten und aufkeimenden Umwelt-

---

[7] Vgl. DAT-Report 2008 (2008),
http://www.dat.de/showmessage.jsp;jsessionid=77F7BD6665383B47BA564B0FB0149B97?mesid
=3120&mentitid=2030, S. 7. [Stand: 15.07.2008].
[8] Vgl. Diez (2006), S. 18f.
[9] Vgl. Kotler (2006), S. 6.

schutzdiskussionen integriert werden müssen.[10] Somit gerieten die wachstumsorientierten Marketingkonzepte aufgrund der Ausbeutung von Rohstoffen und somit eines Verknappungseffektes der Grundstoffe, der Verunreinigung von Wasser und Luft sowie einer Neigung zur Verschwendung (z.B. durch Verkürzung von Produktlebenszyklen und Produktdifferenzierungen) in die Kritik.[11]

In den 80er und 90er Jahren entwickelte sich das betriebswirtschaftliche Verständnis dahingehend weiter, dass ökologische und soziale Fragestellungen miteinander verbunden wurden und der Begriff des Umweltmanagements Einzug in die Unternehmen hielt. So versuchte vor allem die Produktionswirtschaft, Umweltbelastung und Ressourcenverbrauch zu mindern. Analog zu einem stärkeren gesellschaftlichen Umweltbewusstsein veränderte sich das Marketing von einem strikten Konsumsteigerungsansatz zu einer „Humanisierung" des Marketing, bei der soziale und ökologische Determinanten berücksichtigt wurden.[12]

Unternehmen wurden während dieser Entwicklungen immer stärker aufgefordert, gesellschaftliches Verantwortungsbewusstsein zu zeigen. Pfriem befindet, „als quasi-öffentliche Institution ist das Unternehmen an seinen Nutzenbeiträgen für eine vernünftige gesellschaftliche Entwicklung zu messen, natürlich auch (bzw. gerade) in ökologischer Hinsicht".[13]

Nach dem Jahr 2000 nahm die Ökologieorientierung der Verbraucher kurzzeitig wieder ab.[14] Doch nach 2006 verschärfte sich die Umweltsituation zusehends und dies erfuhr eine global-mediale Verbreitung. Rohstoffverknappung und globale Erderwärmung sensibilisierten das öffentliche Meinungsbild in Europa und Nordamerika und es wurde von vielen Gesellschaftsschichten erkannt, dass ein weltweites Umdenken hinsichtlich des Umgangs mit der Natur erforderlich ist. Das Marketing vieler Unternehmen greift diesen Gedanken auf und verwendet ganzheitliche ökologie-orientierte Marketingkonzepte. Ein umweltbewusstes Denken und Handeln kann somit zum integralen Bestandteil des Marketing werden.

---

[10] Vgl. Meffert (1998), S. 1200. Hüser (1996), S. 12.
[11] Vgl. Hopfenbeck (1994), S. 300.
[12] Vgl. Hüser (1996), S. 11f.
[13] Pfriem (1988), S. 20.
[14] Vgl. Diez (2006), S. 98.

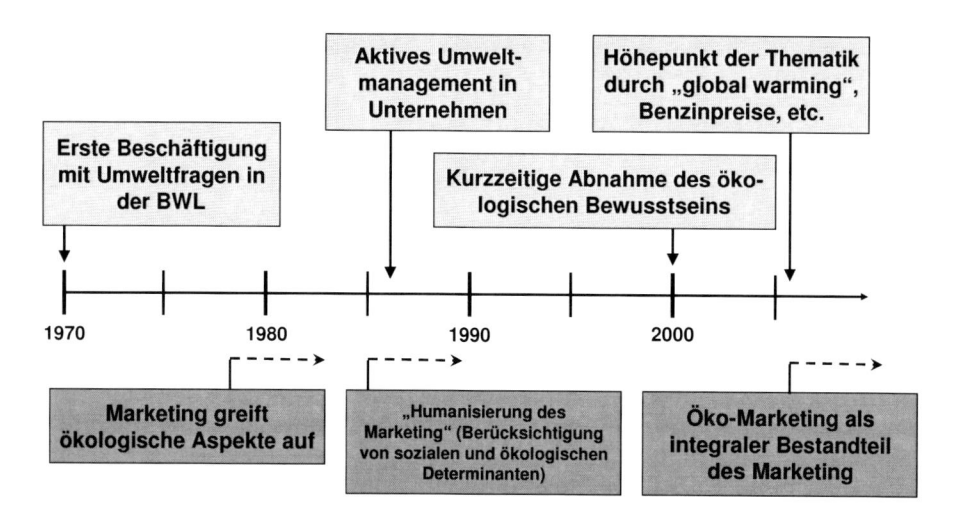

Abbildung 2: Entwicklung des Öko-Marketing[15]

Begriffliche Einordnung

Für Wimmer und Schuster bedeutet ökologisches Marketing „den Markt berührende Maßnahmen von Unternehmen mit einem möglichst geringen Maß an Belastungen bzw. mit positiven Wirkungen für die Umwelt".[16] Meffert u.a. gehen bei ihrer Definition stärker auf die Kunden und die öffentliche Meinung ein. Sie sind auch der Ansicht, dass eine „Vermeidung und Verringerung von Umweltbelastungen" Ziel eines ökologieorientierten Marketing sein sollte. Dies geschieht jedoch mit dem Kalkül, bei „dauerhafte[r] Befriedigung der Bedürfnisse aktueller und potentieller Kunden, unter Ausnutzung von Wettbewerbsvorteilen und bei Sicherung der gesellschaftlichen Legitimität die angestrebten Unternehmensziele zu erreichen".[17]

Die ökologische Ausrichtung des Marketing korreliert sehr stark mit der ökologischen Sensibilisierung der Verbraucher. Das ökologische Bewusstsein der Konsumenten setzt ein Informiertsein über die ökologischen Konsequenzen des Konsumverhaltens voraus, die Einsicht, dass das eigene Kaufverhalten Auswirkungen auf die Umwelt besitzt sowie der Wille zu einem Kaufverhalten, das Umweltprobleme minimiert.[18] Die Bereitschaft von

---

[15] Eigene Darstellung.
[16] Vgl. Wimmer; Schuster (1991), S. 823ff.
[17] Meffert; Kirchgeorg (1993), S. 202.
[18] Vgl. Hopfenbeck (1994), S. 302.

Konsumenten, ökologisch bewusst zu konsumieren, kann von Produkt zu Produkt stark divergieren.[19]

Wimmer und Schuster unterscheiden zwei Formen des ökologischen Marketing. Das primäre Öko-Marketing bezieht sich auf Produkte und Dienstleistungen, die von Beginn an darauf abzielen, Entlastungen der Umwelt zu bewirken. Beispielhaft sind an dieser Stelle die Umweltentlastungstechnologien Solaranlagen, Windräder, Wassersparanlagen etc. zu nennen. Sekundäres Öko-Marketing umfasst Produkte und Dienstleistungen, die primär nicht dem Zweck der Umweltschonung dienen, sondern hinsichtlich der Verringerung der ökologischen Belastung einen Zusatznutzen darstellen. Anzuführen sind z.B. PKW, Lebensmittel, Textilien etc. Der Untersuchungsgegenstand dieser Arbeit gehört folglich zum sekundären Öko-Marketing. Autos dienen in erster Linie der Fortbewegung; die möglichst geringe Umweltbelastung stellt einen Nebeneffekt dar. Generell gilt, dass die Nachfrage der Konsumenten nach umweltverträglichen Gütern die umweltbezogene Gestaltung von Produkten und Dienstleistungen maßgeblich bestimmt.[20]

Tischler identifiziert drei Hauptmotive, die Unternehmen zu einem Umdenken in Richtung ökologisches Marketing veranlassten (siehe Abbildung 3). Zum einen änderten die Leistungsträger innerhalb eines Unternehmens, die Manager, ihre Ansichten und handelten gesellschaftlich und ökologisch verantwortungsvoller. Zum anderen verlangte der Markt, in Form von den einzelnen Kundengruppen, dass Unternehmen bei der Realisierung ihrer Unternehmensziele Umweltperspektiven mit einbeziehen. Als letztes Motiv sind veränderte Rahmenbedingungen zu nennen. Der ökologische Sinneswandel, der sich in Politik und Gesellschaft vollzog, musste von Unternehmen aufgegriffen werden. Staatliche Umweltpolitik, öffentliches Bewusstsein und auch die Medien besaßen eine maßgebliche Rolle.[21]

---

[19] Vgl. Gierl (1987), o. S.
[20] Vgl. Tischler (1996), S. 458ff.
[21] Vgl. Tischler (1996), S. 455.

```
┌─────────────────────┐         ┌─────────────────────┐
│ unternehmensinterne │         │   Marktbedingungen  │
│     Bedingungen     │         │ (Nachfrageverhalten,│
│ (Unternehmensethik, │         │    Handelsmacht,    │
│ Mitarbeiterpotentiale,│       │    Wettbewerber ...)│
│ Leitlinien, Strategien)│      │                     │
└─────────────────────┘         └─────────────────────┘
            ↕                              ↕
               ┌──────────────────────┐
               │   Umweltorientierung │
               │    der betrieblichen │
               │      Absatzleistung  │
               └──────────────────────┘
                          ↕
         ┌──────────────────────────────────┐
         │   externe Rahmenbedingungen      │
         │   des wirtschaftlichen Handelns  │
         │     (staatliche Umweltpolitik,   │
         │    öffentliche Meinung, Medien ...)│
         └──────────────────────────────────┘
```

Abbildung 3: Umweltorientierung der Absatzleistung im Spannungsfeld verschiedener Einflüsse[22]

Meffert erkennt drei Ausprägungen von Umweltmarketing, die in Unternehmen praktiziert werden:

- Pseudo-Öko-Marketing,
- Verkürztes Öko-Marketing,
- Integriertes Öko-Marketing.[23]

Bei *Pseudo-Öko-Marketing* handelt es sich um eine Marketingstrategie, die nur vordergründig Umweltprobleme behandelt. Meffert attestiert dieser Ausprägung eine fehlende Problemlösungskompetenz, die den Unternehmenserfolg kurzfristig ankurbeln soll. Als Resultat verliert die Unternehmung respektive die Marke an Glaubwürdigkeit und schadet dem eigenen Image nachhaltig. *Verkürztes Öko-Marketing* beinhaltet nur Teillösungen, die einen integrativen Marketingansatz vermissen lassen. Das Unternehmen ist hier der

---

[22] Vgl. Tischler (1996), S. 456.
[23] Vgl. Meffert (1998), S. 1200ff.

Gefahr ausgesetzt, dass die ökologieorientierten Marketingaktivitäten als halbherzige Handlungen empfunden werden und dem Unternehmenserfolg abträglich sind. *Integriertes Öko-Marketing* bedeutet, dass Unternehmen eine auf Langfristigkeit ausgelegte und ganzheitliche Öko-Marketing-Konzeption in ihr Strategieprofil übernehmen. Umweltprobleme werden bei diesem Ansatz im gesamten Produktlebenszyklus berücksichtigt und alle Marketinginstrumente werden darauf ausgerichtet, Öko-Marketing umzusetzen.[24]

1.3.3 Werbung

Geschichtliche Einordnung

Die ersten Werbeaktivitäten in der Geschichte der Menschheit lassen sich nicht exakt datieren. Kenneth Longman geht jedoch davon aus, dass sie um das Jahr 4000 vor Christus entstanden sein müssen. Denn dieser Zeitpunkt ist auch gleichzeitig der Beginn der Spezialisierung der Arbeit. Longman zieht den Rückschluss, dass der erste Mensch, der durch Spezialisierung ein Experte auf seinem Arbeitsgebiet wurde, erkannte, dass seine Mitmenschen über seine Fähigkeiten informiert werden mussten und dass er dementsprechend seinen Kundenkreis erweitern konnte.[25]

Der Begriff „werben" stammt aus dem Althochdeutschen „werben" bzw. „wervan". Dies bedeutete seit dem 19. Jahrhundert soviel wie „sich um etwas kümmern", „jemanden für einen Dienst gewinnen".[26] Nach dem Ersten Weltkrieg wurde Werbung analog zu Reklame und Propaganda im allgemeinen Sprachgebrauch benutzt. Schon sehr früh bekam Werbung eine Eigenbedeutung und wurde sehr allgemein verwendet, wohingegen Reklame als ökonomische und Propaganda als politische sowie religiöse Werbung wahrgenommen wurden.[27] Gegen Ende des 20. Jahrhunderts veränderte der Beginn des Telekommunikationszeitalters durch TV, Internet und Mobiltelefonie den Informationszugang der Menschen maßgeblich. Die Möglichkeiten für Unternehmen, Werbung an den potentiellen Kunden zu adressieren, sind infolgedessen außerordentlich gestiegen.[28]

Begriffliche Einordnung

Nach der klassischen Definition von Behrens kann Werbung als eine bewusste Beeinflussungsform von Zielgruppen angesehen werden, die darauf abzielt, meist kommerzielle

---

[24] Vgl. Meffert (1998), S. 1202f. Tischler (1996), S. 485.
[25] Vgl. Longman (1971), S. 5.
[26] Vgl. Schweiger; Schrattenecker (2005), S. 1.
[27] Vgl. Behrens u.a. (1963), S. 456.
[28] Vgl. Schweiger; Schrattenecker (2005), S. 5.

Werbeziele zu erfüllen.[29] Kloss definiert Werbung als „eine absichtliche und zwangfreie Form der Kommunikation, mit der planmäßig versucht wird, Einstellungen von Personen zu beeinflussen".[30] Das übergeordnete Ziel von Werbung ist ökonomischer Natur. So zielt sie darauf ab Umsatz, Marktanteile, Kauffrequenzen etc. zu steigern. Aufgrund der Tatsache, dass Werbung auf diese Größen nicht direkt einwirken kann, beeinflusst Werbung psychologische Größen, Meinungen und Einstellungen von Zielgruppen. Diese beeinflussen Bekanntheit, Image etc. eines Produktes und haben direkten Einfluss auf die wirtschaftlichen Zielgrößen.[31]

Die Werbebotschaften von Werbung können informierende und/oder emotionale Aspekte, welche zu einer Handlungsmotivation anleiten sollen, beinhalten.[32] Die gewünschten Ergebnisse seitens des Unternehmens können Kauf eines Produktes oder einer Dienstleistung, Akquisition eines Lieferanten, Vereinbarung eines Vertreterbesuches etc. sein. Die Werbeziele werden aus den unternehmens- und marketingspezifischen Zielen abgeleitet. Werbung ist somit ein Teilgebiet der Kommunikationspolitik, die zu dem Marketing-Mix gehört. Die Mediawerbung im engeren Sinne transportiert und verbreitet werbliche Informationen, indem sie Werbeträger benutzt und dafür ein leistungsbezogenes Entgelt bezahlt.[33] Dies geschieht, um eine „Realisierung unternehmensspezifischer Kommunikationsziele zu erreichen".[34]

Die bedeutendsten Träger der Mediawerbung sind Printmedien, mit denen sich diese Arbeit auch auseinandersetzen wird, sowie elektronische Medien und die Medien der Außenwerbung – in der Öffentlichkeit angesiedelte Verkehrsmittel und Plakatwände.

Für den Kommunikationsmix der Automobilwirtschaft kommt der Mediawerbung eine beträchtliche Rolle zu. Im Jahr 2005 waren die Werbeaufwendungen der Automobilwirtschaft neben denen der Massenmedien und der Handelsketten die Höchsten der werbetreibenden Wirtschaftsbranchen in Deutschland.[35]

Durch eine intensiv geführte Klimadebatte und eine damit einhergehende Sensibilisierung der Bevölkerung bei ökologischen Themen hat umweltbezogene Werbung stark zugenommen. Viele Automobilhersteller greifen das Thema auf und werben für Nachhaltig-

---

[29] Vgl. Behrens (1963), S. 12.
[30] Kloss (2003), S. 6.
[31] Vgl. ebd., S. 6f.
[32] Vgl. Bruhn (2005), S. 342f.
[33] Vgl. ebd. S. 338f.
[34] Ebd, , S. 338.
[35] Vgl. Diez (2006), S. 424.

keit.[36] Umweltwerbung appelliert an das soziale Verantwortungsgefühl sowie das Umweltbewusstsein von Verbrauchern. Allerdings spricht sie auch negative Gefühle wie Angst und Reue an. Die Empfindungen der Konsumenten, mit ihrem Kaufverhalten der eigenen Gesundheit und späteren Generationen zu schaden, werden infolgedessen für unternehmerische Zielsetzungen genutzt.[37]

---

[36] Vgl. Kropitz (2007), S. 228.
[37] Vgl. Lambsdorff (1993), S. 17ff.

2 Analyse der Rahmenbedingungen des Automobil-Marketing unter besonderer Berücksichtigung von Umweltaspekten

Die Rahmenbedingungen des deutschen Automobil-Marketing werden im Folgenden anhand der PEST-Analyse, einem strategischen Planungstool, beschrieben und interpretiert. Die PEST-Analyse (auch als STEP-Analyse bekannt) ist ein Modell der externen Umweltanalyse, mit dessen Hilfe die Triebkräfte und Einflussfaktoren, die auf das Automobil-Marketing und somit auf die Automobilindustrie wirken, identifiziert werden sollen.[38]

Die in dieser Arbeit angewandte PEST-Analyse wird um das Kriterium der Ökologie ergänzt. Die Einbeziehung des ökologischen Faktors ist der Tatsache geschuldet, dass ökologische Fragestellungen und Entwicklungen derzeit so aktuell wie noch nie sind und langfristig einen starken Einfluss auf die Automobilbranche haben werden. Das erweiterte Modell, die PESTE-Analyse (auch STEEP-Analyse), ist folglich ein englisches Akronym für *Political, Economical, Sociological, Technology and Ecological (Framework Conditions)*.

Ökonomische Faktoren wie zum Beispiel Wirtschaftswachstum, Arbeitslosenpolitik, Zinskosten, Energiekosten etc. stehen in enger Verbindung zu den politischen Einflüssen wie politische Stabilität, internationale Handelsabkommen, Steuerrichtlinien, ökologische Richtlinien und Gesetze. Soziokulturelle Faktoren, beispielhaft sind hier neben psychologischen Faktoren wie Einstellungen zu Gesundheit, Arbeit und Familie, die Einkommensverteilung in der Bevölkerung, demographische Entwicklungen sowie Bildung zu nennen. Technologische Einflussgrößen sind Forschungsausgaben der Regierung, Innovationsleistung einer Volkswirtschaft, neue Erfindungen etc. Die Kraft der ökologischen Veränderungen, die immer mehr in den Blick der Unternehmen rückt, umfasst steigende Energiekosten, ein verändertes Umweltbewusstsein in der Gesellschaft, Erderwärmung und Wasserspiegelanstieg durch Treibhausgase uvm.[39]

Kotler sieht in der PEST-Analyse ein bedeutendes strategisches Werkzeug "for understanding market growth or decline, business position, potential and direction for operations".[40] Thompson erkennt ebenfalls die Wichtigkeit des Analyse-Tools an. Er konstatiert, dass für jedes Unternehmen spezifische Einflussgrößen den maßgeblichen Beitrag für Entscheidungsfindungen leisten. Diese können durch die PEST-Analyse

---

[38] Vgl. Bruhn (2005), S. 140. Recklies (2006), http://www.themanagement.de/Management/PEST-Analyse.htm [Stand: 07.07.2008].
[39] Vgl. o.V. (2008), http://www.12manage.com/methods_PEST_analysis.html [Stand: 07.07.2008].
[40] Kotler (1998), S. 72.

identifiziert werden.[41] Infolgedessen können nicht nur das *big picture* der Unternehmensumwelt und die externen Triebfedern für Veränderungen erkannt werden. Vielmehr können auch die Stellschrauben, mit denen die Manager die Zukunft eines Unternehmens gestalten, aufgedeckt werden.[42]

Die im Folgenden behandelten einzelnen Einflussfaktoren sind danach ausgewählt worden, inwieweit sie das Automobil-Marketing von Automobilherstellern beeinflussen und in Zukunft beeinflussen werden. Das Thema des Umweltschutzes wird aufgrund seiner aktuellen Brisanz in dem Punkt 2.6 *Ecology* thematisiert. Es wirkt sich jedoch durch seinen übergreifenden Einfluss auch auf die anderen Themenbereiche aus und findet dort zusätzlich eine thematische Auseinandersetzung.

2.1 Industriepolitische und rechtliche Einflussfaktoren

Einen hohen Stellenwert in der Debatte, die die Vertreter der Europäischen Union und der Bundesregierung derzeit führen, nehmen Maßnahmen zur Bekämpfung von Schadstoffausstößen durch Automobile ein. Somit wurden in der Vergangenheit Rußpartikelfilter bei Neufahrzeugen gesetzlich vorgeschrieben. Abgasnormgesetze wie die zurzeit europaweit geltende Abgasnorm EURO 4, die Anfang 2005 in Kraft getreten ist, und die damit verbundenen Feinstaubplaketten, seit dem 1. März 2007 gesetzlich verankert, vergrößern die Anreize für Konsumenten umweltfreundliche PKW zu erwerben. Zudem werden Fahrzeughalter, die einen Rußpartikelfilter nachrüsten lassen, noch bis Ende 2009 mit 330 € staatlich subventioniert.[43] Diese Gesetze und Anreize führen für die Automobilhersteller zu dem Handlungsdruck, Fahrzeuge mit geringem Schadstoffausstoß herzustellen

Die Automobilindustrie muss sich unter allen Umständen auf gesetzliche Regulierungen zur Senkung des Treibstoffverbrauchs von Neuwagen einstellen. Der deutsche Umweltminister Siegmar Gabriel verdeutlichte, dass die Umweltbelastungen durch Automobile drastisch gesenkt werden müssten, wolle die Bundesregierung die selbst auferlegten Klimaziele erreichen.[44] Zwar sind Gesetzesinitiativen wie die schadstoffbezogene Besteuerung von Kraftfahrzeugen zurzeit noch umstritten.[45] Langfristig wird jedoch kein Weg an einer Besteuerung nach Schadstoffausstoß anstatt nach Hubraumgröße vorbei gehen.

---

[41] Vgl. Thompson (2002), http://www.coursework4you.co.uk/pest.htm [Stand: 07.07.2008].
[42] Vgl. o.V. (2008), http://www.12manage.com/methods_PEST_analysis.html [Stand: 07.07.2008].
[43] Vgl. Justen (2006), http://www.sueddeutsche.de/automobil/artikel/149/96053/ [Stand: 08.07.2008].
[44] Vgl. o.V. (2007), http://www.focus.de/auto/autoaktuell/neuwagen_aid_122609.html [Stand: 09.07.2007].
[45] Vgl. o.V. (2008), http://www.spiegel.de/auto/aktuell/0,1518,549349,00.html [Stand: 09.07.2008].

Wollen die Regierungen innerhalb der EU ihre Ziele, die im Kyoto-Protokoll 1998 manifestiert wurden, erfüllen, so müssen die CO_2-Emissionen von KFZ reduziert werden. In Deutschland trägt der Autoverkehr etwa zwölf Prozent zur gesamten CO_2-Belastung bei.[46] Die Online-Redaktion von *Der Focus* berichtet im Juni 2008, dass die KFZ-Steuerreform 2010 in Kraft treten soll. Dies geschieht in Einklang mit der Automobilindustrie, die sich eine Belebung ihres Neuwagengeschäftes erhofft.[47]

Die Europäische Union versucht diese umweltschonenden Entwicklungen möglichst verträglich für die Automobilindustrie zu gestalten. Insofern leisten Forschungsförderungen und Strukturfonds einen Beitrag, die benötigten neuen Technologien durchzusetzen.[48]

Die Forschungsinitiative EUCAR, die von den Markt bestimmenden europäischen Automobilherstellern 1994 ins Leben gerufen worden ist, forscht zum Beispiel auf den Gebieten des Umweltschutzes und der Fahrzeugsicherheit. Die hohen Umweltschutzstandards der EU und die weltweite Technologieführerschaft der europäischen Industrie können somit sichergestellt werden.[49]

Außerdem werden momentan weitere Vorhaben innerhalb der Bundesregierung diskutiert. Die Wiedereinführung der Pendlerpauschale ab einem Kilometer sowie die Einführung einer PKW-Maut auf deutschen Autobahnen stehen zur Diskussion.[50] Diese zwei Aspekte stellen gegensätzliche Anreize für die Bevölkerung dar. Würde eine Pendlerpauschale ab einer Wegstrecke von einem Kilometer per Steuer absetzbar sein und die tägliche Autonutzung auf dem Weg zur Arbeit attraktiver machen, so würde eine PKW-Maut die Kosten für Autofahrer erhöhen und eine gegenteilige Wirkung erzielen

Des Weiteren ist die Europäische Union als ein Zusammenschluss von Ländern anzusehen, die eine gemeinsame Wirtschaftspolitik mit dem Prinzip der offenen Marktwirtschaft, des freien Wettbewerbs und gemeinsamer wirtschaftlicher Ziele verfolgen, anzusehen. Diese Grundsätze sind in Artikel 3a des EG-Vertrages festgelegt worden und ohne weitere Einwände vollumfänglich auf die Automobilbranche übertragbar. Die Wettbewerbsfähigkeit der Automobilwirtschaft ist dementsprechend garantiert. Die Industrie kann somit auf eine Unterstützung der europäischen Staatengemeinschaft bei strukturellen Veränderungen

---

[46] Vgl. DAT (2008), http://www.dat.de/leitfaden/LeitfadenCO2.pdf, S. 2. [Stand: 09.07.2008].
[47] Vgl. o.V. (2008), http://www.focus.de/politik/deutschland/einigung-co2-ausstoss-bestimmt-ab-2010-KFZ-steuer_aid_310356.html [Stand: 09.07.2008].
[48] Hünerberg; Heise; Hoffmeister (1995), S. 35.
[49] Vgl. o.V. (o.D.), http://www.eucar.be/start.html [Stand: 09.07.2008].
[50] Vgl. o.V. (o.D.), http://www.focus.de/finanzen/steuern/pendlerpauschale_aid_137600.html [Stand: 09.07.2008].

sowie auf eine Förderung von Innovationen, Forschung und technologischen Entwicklungen hoffen.[51]

2.2 Wirtschaftliche Faktoren

2.2.1 Analyse des Automobilmarktes

Die wirtschaftlichen Rahmenbedingungen des Automobil-Marketing werden einerseits durch deutschlandinterne Entwicklungen, aber auch durch globale Entwicklungen, die in Folge einer immer stärker miteinander verbundenen Weltwirtschaft beachtet werden müssen, bestimmt.

Automobilbauer müssen mit Entwicklungen, die schon Mitte der 90er Jahre ersichtlich wurden, wie Sättigungstendenzen auf den europäischen und amerikanischen Heimatmärkten, sowie gleichzeitiger Markteintritt von neuen Konkurrenten aus Korea, Malaysia sowie Osteuropa und einem daraus resultierenden Verdrängungswettbewerb, zu Recht kommen.[52] Andererseits ergeben sich Chancen durch das Entstehen neuer Märkte. Die neuen Wirtschaftsmächte wie China, Russland, Brasilien und Indien, gemeinhin als BRIC Staaten bekannt, stellen einen sehr attraktiven Absatzmarkt dar.[53]

Die Saturiertheit des deutschen Automobilmarktes wird von Diez verdeutlicht. Er spricht von dem deutschen Markt als einem „reifen" Markt. Als einen Indikator führt er an, dass der gesamte Automobilbestand in Deutschland nur noch ein sehr schwaches Wachstum erfährt. Die Motorisierungsdichte im Jahr 2004 von 664 Pkw je 1000 Erwachsene wächst folglich nur sehr bedingt.[54] Auch die PKW-Neuzulassungen stagnieren seit Jahren (siehe Abbildung 4).

---

[51] Vgl. Hünerberg; Heise; Hoffmeister (1995), S. 35f.
[52] Vgl. Diez (2006), S.20ff.
[53] Vgl. Hünerberg; Heise; Hoffmeister (1995), S. 5.
[54] Vgl. Diez (2006), S. 21.

PKW-Neuzulassungen: 1990-2005

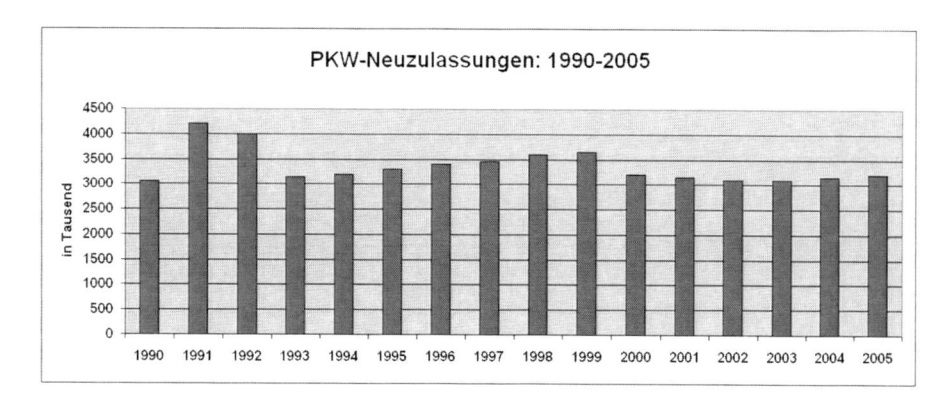

Abbildung 4: PKW-Neuzulassungen im Zeitraum 1990 bis 2005[55]

Langfristig kann die Automobilindustrie mit einer Änderung des Schwerpunktes des internationalen Autohandels von den Triademärkten, USA, Westeuropa und Japan, in Richtung der Wachstumsmärkte in Lateinamerika, Osteuropa und Asien rechnen. Die Triademärkte werden jedoch mittelfristig ihre Vormachtstellung halten und auch weiterhin Innovationstreiber bleiben.[56]

Der zunehmende Wettbewerb zwischen den Autoherstellern fördert den Konzentrationsprozess der Branche. Dies wird in der Anzahl von strategischen Allianzen sowie den Unternehmenszusammenschlüssen zwischen den Unternehmen deutlich (Abbildung 5).[57] Diez ordnet bedingt durch diese Angebotskonzentration den Automobilmarkt der Form des Oligopols zu. Die Kriterien der enorm hohen Wettbewerbsintensität, des Umstandes, dass sehr viele Nachfrager vergleichsweise wenigen Anbietern gegenüberstehen, und der großen Transparenz zwischen den Anbietern sieht er als erfüllt an.[58]

---

[55] Möhlen (2007), S. 41.
[56] Vgl. Hünerberg; Heise; Hoffmeister (1995), S. 16.
[57] Vgl. ebd., S. 19.
[58] Diez (2001), S. 34.

1970	1980	1990	2005
Abarth			
Alfa Romeo	Alfa Romeo		
Alpine	AMC		
AMC	Aston-Martin		
Aston-Martin	BL		
BLMC	BMW		
BMW	Citroen		
Chrysler	Chrysler		
Citroen	Daimler-Benz		
Daimler-Benz	de Tomaso		
de Tomaso	Fiat		
Fiat	Ford	BMW	
Ford	Fuji H.I.	Chrysler	
Fuji H.I.	GM	Daewoo	
GM	Honda	Daimler-Benz	
Honda	Isuzu	Fiat	
Innocenti	Lamborghini	Ford	
Isuzu	Lotus	GM	
Lamborghini	Mazda	Honda	
Lotus	Mitsubishi	Hyundai	BMW-Group
Maserati	Nissan	Isuzu	Daimler/Chrysler
Mazda	Peugeot/Citroen	Mitsubishi	Fiat-Gruppe
Mitsubishi	Porsche	Nissan	Ford-Gruppe
Nissan	Renault	Peugeot/Citroen	GM-Gruppe
Peugeot	Rolls-Royce	Porsche	Honda
Porsche	Saab	Renault	Hyundai/KIA
Prince	Seat	Rolls-Royce	Mitsubishi
Renault	Suzuki	Rover	Peugeot/Citroen
Rolls-Royce	Talbot/Matra	Suzuki	Porsche
Saab	Toyota	Toyota	Renault/Nissan
Seat	Volvo	Volvo	Toyota
Simca/Chrysler	VW	VW	VW-Konzern
Suzuki			
Toyota			
Volvo			
VW			

Abbildung 5: Die Konsolidierung der Weltautomobilindustrie[59]

2.2.2 Volkswirtschaftliche Einflussfaktoren

Das in den letzten beiden Jahren wiedererstarkte Wirtschaftswachstum in Deutschland wird sich in 2009, mitunter durch eine hohe Inflation bedingt, die wiederum durch auf die enorm gestiegenen Lebensmittel- und Ölpreise zurückzuführen ist, verlangsamen.[60] Die Wirtschaftsinstitute, das Institut für Weltwirtschaft und das Münchner Ifo Institut, korrigierten ihre Wachstumsprognosen für Deutschland von 2,4 Prozent bzw. 2,1 Prozent in 2008

---

[59] Diez (2006), S. 24.
[60] Vgl. o.V. (2007), http://www.tagesspiegel.de/wirtschaft/Konjunktur;art271,2438490 [Stand: 10.07.2008].

auf 1,0 Prozent in 2009.[61] Ob sogar eine Stagflation, eine Kombination aus volkswirtschaftlicher Stagnation und hoher Inflation, eintreten wird, bleibt abzuwarten.[62] Der Arbeitsmarkt wird sich voraussichtlich trotz der hohen Inflation weiter erholen und auch in 2009 wird die Abnahme der Arbeitslosenzahlen weitergehen. Jedoch drücken die gestiegenen Lebensmittel- und Energiekosten sowie die Gefahr einer Gaspreiserhöhung die Konsumfreude der Deutschen. Das GfK Institut sieht eine Abschwächung für das Jahr 2009.[63] Der voraussichtlich geringe Konsum wird durch schwache Konjunkturerwartungen in 2009 und einen momentan starken Euro, der den Export von in Deutschland hergestellten Gütern und Dienstleistungen erschwert, ergänzt.[64] Diese volkswirtschaftlichen Entwicklungen werden sich mit hoher Wahrscheinlichkeit negativ auf den Absatz der Automobilindustrie in Deutschland auswirken. Diez zeigt, dass eine positive Korrelation, also ein Zusammenhang zwischen Konjunktur und Neuzulassungen sowie Besitzumschreibungen von Automobilen, existiert.[65]

Ein weiterer Punkt, den die Automobilwirtschaft in ihren strategischen Überlegungen nicht vergessen darf, ist die Erosion der deutschen Mittelschicht. Von 2000 bis 2006 nahm die deutsche Mittelschicht, der Motor des deutschen Wirtschaftsaufschwunges der 60er Jahre, laut Institut für Wirtschaftsforschung (DIW) von 49 Millionen auf 44 Millionen bzw. von 62,3 auf 54,1 Prozent beständig ab. Das Gros der Menschen, die aus der Mittelschicht verschwinden, rutscht in die Unterschicht ab. Ein Ende dieser Entwicklung ist nicht absehbar.[66] Das Automobil-Marketing muss folglich immer eindeutiger Marken und Produkte im Premium- oder Massenmarkt ansiedeln.[67]

---

[61] Vgl. o.V. (2008), http://www.finanznachrichten.de/nachrichten-2008-06/artikel-11123508.asp [Stand: 10.07.2008].
Siedenbiedel (2008),
http://www.faz.net/s/RubB8DFB31915A443D98590B0D538FC0BEC/Doc~E9147A5D1A18A44709E4C1D4EC8489E78~ATpl~Ecommon~Scontent.html [Stand: 10.07.2008]. Reiermann (2008), S. 22ff.
[63] Vgl. o.V. (2008),
http://www.gfk.com/group/press_information/press_releases/002670/index.de.html [Stand: 11.07.2008].
[64] Vgl. o.V. (2008), http://www.spiegel.de/wirtschaft/0,1518,565953,00.html [Stand: 11.07.2008].
o.V. (2008), http://www.spiegel.de/wirtschaft/0,1518,565629,00.html [Stand: 12.07.2008].
[65] Vgl. Diez (2006), S. 22f.
[66] Vgl. o.V. (2008), http://www.finanzen.net/eurams/eurams_spezial.asp?pkBerichtNr=157126 [Stand: 12.07.2008].
[67] Vgl. Diez (2006), S. 109f.

2.3 Soziokulturelle und psychografische Rahmenbedingungen

2.3.1 Wertewandel und Veränderung des Konsumentenverhaltens

Das Konsumentenverhalten wird generell stark von soziokulturellen und psychologischen Faktoren beeinflusst. Diese unterliegen im Moment in Deutschland einem Wandel. Der Konsument ist umweltbewusster geworden und fordert angesichts gestiegener Benzin- und Dieselpreise Autos, die umweltverträglicher und auch energiesparender unterwegs sind. Breite Bevölkerungsschichten werten somit den Kraftstoffverbrauch eines Autos als Hinweis auf die Kompetenz, mit dem Problem der Umweltverschmutzung umzugehen, sowie als Zeichen der ökologischen Geisteshaltung der Automobilhersteller.[68]

Außerdem wird in den westlichen Industriestaaten die arbeitsfokussierte Gesellschaftsperspektive durch einen freizeitorientierten Fokus abgelöst. Die damit neu entstehenden Werte und Normen lassen Rückschlüsse auf einen gesteigerten Grad des gesellschaftlichen Individualismus zu. Welchen Stellenwert der individuelle Anspruch des Konsumenten beim Autokauf besitzt und welche Motive dafür erfüllt sein müssen, wird in Abbildung 6 deutlich. Dieser Pluralismus indiziert, dass die Automobilbranche in ihren Marketingbestrebungen die Kunden sehr viel individueller erreichen muss als es bislang geschehen ist. Die verschiedenen Bedeutungen und Ansprüche an das Auto werden sich noch viel weiter ausdifferenzieren. Für die Automobilindustrie bedeutet dies die Notwendigkeit einer Individualisierung von Marketingaktivitäten.[69]

---

[68] Vgl. Hünerberg; Heise; Hoffmeister (1995), S. 18f und 71.
[69] Vgl. ebd., S. 18f.

Allgemeine Bedürfnisstruktur (nach Maslow)

- Selbstverwirklichung
- Status
- Soziale Kommunikation
- Sicherheit
- Selbsterhaltung

Motivstruktur beim Autokauf

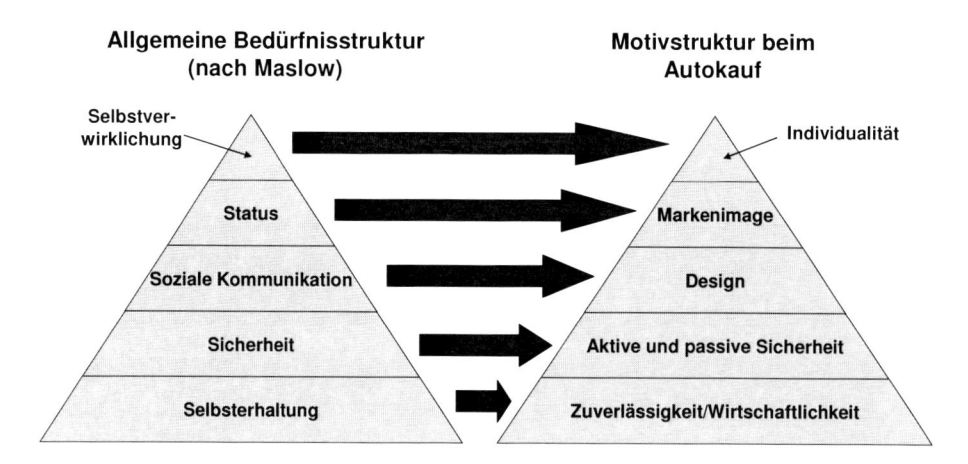

- Individualität
- Markenimage
- Design
- Aktive und passive Sicherheit
- Zuverlässigkeit/Wirtschaftlichkeit

Abbildung 6: Motivstruktur beim Automobilkauf[70]

Diese psychologischen Implikationen sind jedoch von Markt zu Markt unterschiedlich. Hünerberg, Heise und Hoffmeister weisen darauf hin, dass „nicht nur wirtschaftspolitische Tatbestände, sondern auch unterschiedliche Konsumentenpräferenzen zu einer Regionalisierung des Weltautomobilmarktes führen".[71] Für das Automobil-Marketing bedeutet dies, dass die Marketingkonzepte sich sehr stark an den einzelnen Regionen orientieren müssen. Auf dem deutschen Markt kommt dem *Dialogmarketing* zwischen Unternehmen und Individuum eine besondere Rolle zu. Der gesamte Marketing Mix muss folglich auf die individuellen Anforderungen des Kunden ausgerichtet werden. Diez schlussfolgert für die pluralistische deutsche Gesellschaft als Zielgruppe die „Notwendigkeit einer noch stärkeren Differenzierung und Fokussierung des Marketing-Mix auf unterschiedliche lebensstilorientierte Zielgruppen".[72]

Das Auto verliert zudem in vielen Gesellschaftsschichten die Bedeutung des Statussymbols. Vielmehr wird es von vielen Autofahrern als kulturelles Differenzierungsmittel angesehen, mit dem sich der Konsument seiner ideologischen Gruppe zuordnet.[73] Automobil-Marketing wird in Zukunft weniger von einer Prestige- als von einer Erlebnisorientierung geprägt sein.[74]

---

[70] Diez (2006), S. 46.
[71] Hünerberg; Heise; Hoffmeister (1995), S. 19.
[72] Diez (2006), S. 94.
[73] Vgl. Hünerberg; Heise; Hoffmeister (1995), S. 78.
[74] Vgl. Diez (2001), S. 113f.

Zwei weitere tiefgreifende Änderungen hinsichtlich des Konsumentenverhaltens sind die gestiegene Bedeutung des After Sales Prozesses sowie eine zunehmende Preisorientierung. Das Thema After Sales besitzt einen direkten Einfluss auf die Kundenzufriedenheit. Ein gestiegener Service- sowie Kostengedanke der Verbraucher lassen den Bereich der After Care zu einem strategischen Erfolgsfaktor werden.[75] Die gestiegene Preisorientierung ist Resultat einer gesunkenen Preisbereitschaft vieler Bevölkerungsschichten, die auf eine Verringerung der Realeinkommensspielräume, dem Markteintritt neuer Unternehmen mit günstigeren Preisen und eine Sensibilisierung der Verbraucher durch preisaggressive Marketingstrategien zurückzuführen ist.[76]

2.3.2 Demographische Entwicklungstendenzen

Die Kundenstruktur erfährt in Deutschland eine kleine Revolution. Durch den Anstieg von Singlehaushalten, die Zunahme von Auto fahrenden Senioren sowie die Zunahme weiblicher Automobilhaltern, wird sich das Gefüge der Fahrzeughalter ändern. Rückschlüsse sind auf eine höhere Nachfrage nach Klein- und Sportwagen sowie nach seniorengerechten Automobilen zu ziehen.[77] Abbildung 7 impliziert, dass Trendsegmente, Crossover-Segment sowie Kleinwagen stärker nachgefragt werden. Analog zum „Verlust der Mitte", also die sich verändernde Anzahl der Menschen, die der Mittelschicht in Deutschland angehören, wirkt sich das *Downtrading* dahingehend aus, dass sich begünstigt durch hohe Benzinpreise immer mehr Führerscheinbesitzer kleinere Autos mit geringerem Verbrauch zulegen werden. Andererseits wird durch die Erweiterung der Oberschicht eine vermehrte Nachfrage nach so genannten modernen Premiumsegmenten in Form von High Performance Cars und Sport Utility Vehicles entstehen. Dudenhöffer bezeichnet diese Entwicklung als „Spreizung zwischen Premium und Preis"[78], durch das klassischen Mittelklasseanbietern Kunden wegfallen. Er empfiehlt dementsprechend den Unternehmen, Kleinwagen unter 10.000 € in das Produktportfolio aufzunehmen oder in den Premiumbereich vorzudringen.[79]

Tabelle 6 veranschaulicht diese Entwicklung. Wiederum wird ein fundamentaler Kurs in der Automobilbranche erkennbar. Der Markt bzw. die Konsumenten unterscheiden sich

---

[75] Vgl. ebd., S. 19f.
[76] Vgl. ebd., S. 95f.
[77] Vgl. Diez (2001), S. 91ff.
[78] Dudenhöffer (2006), S. 32.
[79] Vgl. ebd., S. 32.

immer mehr. Als Folge sehen sich die Automobilhersteller großen Aufgaben bei der Steuerung und Gestaltung ihrer Marken- und Produktportfolios gegenüber.[80]

Anteile in v.H. (Prozent)	1995	2005	Tendenz
Traditionelle Marktsegmente	87,5	69,0	↘
Kleinwagen	16,9	17,6	↗
Untere Mittelklasse	32,8	26,9	↘
Mittelklasse	26,7	17,0	↘
Obere Mittelklasse	9,8	6,4	↘
Oberklasse	1,3	1,1	↘
Trendsegmente	8,5	12,2	↗
Kleinstwagen (Minis)	3,7	4,0	↗
Sportwagen (Cabrio/Roadster)	2,2	4,4	↗
Utilities	2,6	3,8	↗
Crossover-Segmente	3,8	18,6	↗
Van	1,5	12,8	↗
Geländewagen/SUV	2,3	5,8	↗

Abbildung 7: Entwicklung der Marktsegmente im deutschen Automobilmarkt[81]

Komfort wird nach Hünerberg, Heise und Hoffmeister eine immer größere Anforderung an das Automobil sein. Sie begründen dies mit dem demographischen Wandel und mit der Anforderung an die Konsumenten mit immer mehr Stress, resultierend aus der Doppelbelastung von Familie und Beruf, zu Recht kommen zu müssen. Verkehrsprobleme wie eine höhere Frequenz von Stauaufkommen, die die Verweildauer in PKW erhöhen, verstärken diesen Anspruch.[82] Diez bezeichnet diesen Trend als *Convenienceorientierung*, die sich positiv auf die Zahlungsbereitschaft der Konsumenten auswirken kann. Bekommt der preissensible Kunde, der Produkte intensiv auf ihre Leistungsversprechen prüft, von Produkten Bequemlichkeit versprochen, so ist dieser eher bereit, höhere Preise zu bezahlen.[83] Für Hünerberg, Heise und Hoffmeister müssen Automobilunternehmen „Mobilität verkaufen, nicht nur Autos".[84] Dahingehende Schwerpunkte sehen sie in einer weiteren Minimierung des Treibstoffverbrauchs, einer Reduktion von CO_2-Ausstößen

---

[80] Vgl. Diez (2001), S. 107f. Diez (2006), S. 42f.
[81] Diez (2006), S. 41.
[82] Vgl. Hünerberg; Heise; Hoffmeister (1995), S. 19.
[83] Vgl. Diez (2000), S. 50ff..
[84] Hünerberg; Heise; Hoffmeister (1995), S. 52.

sowie von einem ganzheitlichen Ökologie-Ansatz, einer „Integration des Umweltschutzes in den gesamten Lebenszyklus des Produktes".[85]

Das Automobil-Marketing muss sich auf die geänderten Geisteshaltungen und Erfordernisse der Verbraucher einstellen und seine Marketingkonzepte darauf ausrichten. Mit einem ökologisch-orientierten Gesamtkonzept, das inhaltlich auf die Automarke abgestimmt ist, besitzt ein Autohersteller das Potential, sich in Zukunft auf dem Automobilmarkt zu differenzieren und somit gegen die Konkurrenz durchzusetzen.

2.4 Technologische Rahmenbedingungen

2.4.1 Gründe für die Forderung nach sparsameren Antrieben

Die erwähnten Energiekosten haben nicht nur indirekte volkswirtschaftliche und psychologische Auswirkungen in Form von Inflation und hoher Preissensibilität der Verbraucher auf die Automobilindustrie, sondern sie beeinflussen auch die technologischen Anforderungen und Möglichkeiten. Automobilhersteller sind somit gezwungen, in neue Bereiche der Technik vorzudringen und neue Technologien hinsichtlich kraftstoffsparenden und umweltfreundlichen Automodellen für den globalen Markt zur Verfügung zu stellen Je geringer der Verbrauch desto geringer die Unterhaltungskosten des Automobils, so die einfache Rechnung der Konsumenten. Für die Automobilhersteller bedeutet dies, dass sie intensiv nach benzin- und dieselsparenden Motoren forschen müssen. Dies stellt sie gleichzeitig vor große Herausforderungen. Erwarten doch die Konsumenten die gleiche Motorleistung bei geringerem Verbrauch. Die neuen Motoren müssen gleichzeitig auch CO_2-Emissionen verringern. Neben den hohen Spritkosten veranlassen das gestiegene Umweltbewusstsein breiter Bevölkerungsschichten sowie Gesetzesinitiativen, nach denen Kraftfahrzeuge nicht mehr nach ihrer Hubraumgröße sondern nach ihren CO_2-Ausstößen zu besteuern, Autohersteller dazu, ihre Motorenentwicklung zu intensivieren sowie neue Antriebsmöglichkeiten zu testen.[86] Diez führt diese Entwicklungen auf einen *Demand-Pull* und gleichzeitig auf einen *Technology-Push* zurück. Markt- und technologieinduzierte Antriebskräfte sind demnach die Ursache für die derzeitigen intensiven Bestrebungen der Hersteller nach neuen oder effizienteren Antriebskonzepten.[87] Das bedeutet, die Unternehmen geben selbst technologische Impulse, empfangen jedoch auch eindeutige Impulse aus den jeweiligen Konsumentengruppen.

---

[85] Vgl. ebd., S. 52.
[86] Vgl. Hünerberg; Heise; Hoffmeister (1995), S. 658f.
[87] Vgl. Diez (2001), S. 209ff.

Eine weitere mittelfristige Möglichkeit, das Verbrauchsniveau von Kraftstoffen und damit die Umweltbelastung zu vermindern, besteht in einer leichteren Bauweise von KFZ. Hier liegt der Fokus vornehmlich auf der Karosserie, die 20-30 Prozent des Gesamtgewichtes ausmacht.[88]

2.4.2 Modifizierte und neue Antriebe

An alternativen Antrieben wird derzeit intensiv geforscht. Die ersten Innovationen wie zum Beispiel der Hybridmotor, das Elektroauto und auch die aktuellste in Serie produzierte Neuheit, das Wasserstoffauto, sind bereits oder zumindest in naher Zukunft marktfähig. Außerdem werden zumindest mittelfristig effizientere Diesel- und Ottomotoren in Fahrzeugen weiterhin eingebaut werden. Vor allem Dieselmotoren, die wirtschaftlicher als Ottomotoren sind sowie geringere Emissionen, wie die Daimler-Innovation Blue Tec, freisetzen, werden in Zukunft konkurrenzfähig bleiben.[89] Dem entgegen steht der gestiegene Dieselpreis, der im Gegensatz zu früheren Jahren nicht günstigerer als Normalbenzin ist. Außerdem existieren in Deutschland zunehmend mehr PKW, die anhand eines Erdgasmotors betrieben werden. Erdgasbetriebene Motoren, deren Einbau derzeit durch staatliche Subventionen gefördert wird, besitzen ein geringeres Emissionsniveau (etwa 25 Prozent gegenüber Diesel und Benzin) und belasten die Ozonschicht folglich in geringerem Maße.[90] Vor allem in Lateinamerika gibt es den Trend, Autos mittels Alkoholkraftstoffen wie Ethanol oder Methanol zu betreiben. Allerdings ist die Gewinnung des Alkohols recht energieaufwendig und die verwendeten Raps- sowie Zuckerrohrflächen reichen nicht aus, eine weltweite Nachfrage nach Alkoholkraftstoffen zu bedienen.[91] Andererseits können Ethanol und Methanol als Kraftstoffkomponente genutzt werden. Das bedeutet, dass sie dem normalen Benzin beigemischt werden.[92]

Das erste serienproduzierte Hybridauto ist der Prius von Toyota und wurde bereits im Jahr 2001 auf den deutschen Markt gebracht. Der Prius erreicht durch seinen Hybridmotor bis zu 30 Prozent geringere Benzinkosten und Schadstoffausstöße.[93] Die Toyota-Tochter Lexus hat kurze Zeit später einen Teil ihrer Premium Segment-Fahrzeuge ebenfalls mit

---

[88] Vgl. Hünerberg; Heise; Hoffmeister (1995), S. 53f.
[89] Vgl. ebd., S. 53ff.
[90] Vgl. ebd., S. 55.
[91] Vgl. Büttner (2008), http://www.spiegel.de/auto/aktuell/0,1518,556796,00.html [Stand: 14.07.2008].
[92] Vgl. o.V. (o.D.), http://www.spiegel.de/auto/aktuell/0,1518,502682,00.html [Stand: 14.07.2008].
[93] Vgl. ADAC (2001), http://www.adac.de/Tests/Autotest/TETDaten/Autotest/AT0418_Toyota_Prius_15_Hybrid.pdf, S. 1ff. [Stand: 14.07.2008].

Hybridmotoren ausgestattet. Erwähnenswert vor diesem Hintergrund ist die Debatte, ob deutsche Automobilhersteller den Hybrid-Trend verschlafen haben oder nicht. Kritiker sind der Ansicht, dass die deutschen Unternehmen den Öko-Trend in der Autobranche verpasst haben und derzeit keine geeigneten Konzepte vorweisen können.[94] Befürworter des eingeschlagenen „deutschen Weges" sind jedoch der gegenteiligen Ansicht. Sie denken, dass innovative Dieselmotoren und bald erscheinende Brennstoffzellenmotoren deutscher Hersteller eine angemessene Antwort deutscher Autobauer in der Klimaschutzdiskussion darstellen.[95] Das erste serienmäßigproduzierte Fahrzeug wird zwar von Honda gebaut, doch wird beispielsweise Mercedes die B-Klasse ab 2010 mit Brennstoffzellentechnologie anbieten.[96] Laut einer Studie der Wirtschaftsprüfungs- und Beratungsgesellschaft Price Waterhouse Coopers ist der Hybridmotor nur ein Meilenstein und Wegbereiter auf dem Weg zum Brennstoffzellenmotor. Die Studie sieht zwar die Marktfähigkeit in puncto Bezahlbarkeit und Produktreife der Brennstoffzellentechnik schon ab dem Jahr 2015. Ein endgültiger Durchbruch auf dem Massenmarkt ist aber frühestens ab 2020 zu erwarten. Allerdings könnten sich Unternehmen, die sich frühzeitig um diese neue Technologie bemühen, einen *first mover* Vorteil verschaffen.[97]

Elektroautos werden in Zukunft eine tragende Rolle auf der automobilen Bühne spielen. Eine Studie der Unternehmensberatung Roland Berger sagt vorher, dass bis 2020 jedes vierte neu zugelassene Auto in Europa ein Elektroauto sein wird; vorausgesetzt die Batterien werden hinsichtlich Kosten, Reichweite, Aufladezeit und Dauerhaltbarkeit effizienter gemacht.[98] Momentan kann ein relativ leichtes Elektroauto eine Fahrstrecke von 500 Kilometern nicht überschreiten, ohne erneut ein paar Stunden per Steckdose aufgeladen zu werden. Hinzu kommt in der ökologieorientierten Diskussion das Problem, dass der Strom aus der Steckdose zurzeit mehrheitlich aus Atom- und Kohlekraft gewonnen wird. Das Argument des umweltfreundlichen Elektroautos wird somit geschwächt.

---

[94] Vgl. o.V. (2004) http://www.vistaverde.de/news/Wirtschaft/0409/28_hybridantrieb.php [Stand: 15.07.2008]. o.V. (2005), http://www.vistaverde.de/news/Wirtschaft/0508/18_umweltauto.php [Stand: 15.07.2008].
[95] Vgl. Sohn (2007), http://www.pressetext.at/pte.mc?pte=070226014 [Stand: 16.07.2008]. o.V. (2008), http://www.wirtschaftsblatt.at/home/boerse/binternational/324614/index.do [Stand: 15.07.2008].
[96] Vgl. o.V. (2008), http://www.abendblatt.de/daten/2008/06/17/894726.html [Stand: 17.07.2008]. o.V. (o.D.) http://www.energie-info.net/?seite=Artikel&a_id=534 [Stand: 15.07.2008].
[97] Vgl. PWC (2008), http://www.pwc.de/portal/pub/!ut/p/kcxml/04_Sj9SPykssy0xPLMnMz0vM0Y_QjzKLd4p3tnQFSYGYLm4W-pEQhgtEzCDeESESpO-t7-uRn5uqH6BfkBsaUe7oqAgA5vPgaA!!?siteArea=49c949b41017ffdd&content=e5ebd54d4f25efe&topNavNode=49c411a4006ba50c [Stand: 16.07.2008].
[98] Vgl. Wüst (2008), S. 41.

Allerdings existieren Konzepte die Stromversorgung von Elektroautos mit alternativen Energien sicherzustellen.[99] Der Strombedarf von Elektroautos ist zudem weitaus geringer als landläufig angenommen.[100]

Wüst geht in einem kürzlich erschienenem Titelthema der Publikumszeitschrift *Der Spiegel* davon aus, dass jegliche Effizienzverbesserung an herkömmlichen Motoren nur „ein aussichtsloser Kampf gegen den Elektromotor sein wird – und mit jedem Cent, den der Ölpreis steigt, rückt das Ende näher".[101] Selbst die Brennstoffzellentechnik sei aufgrund ihres hohen Energieverbrauches langfristig keine Alternative zum Elektroauto. Das Elektroauto, einst unbezahlbare Vision und als Nischenfahrzeug degradiert, wird wohl in Kombination mit einem Benzinmotor für weite Strecken in naher Zukunft den Automobilmarkt revolutionieren.[102] GM, Mitsubishi, Mercedes, Opel und VW planen ab 2010 und 2011 erste marktreife Elektroautos auf den Markt zu bringen.[103]

Helmut Löhn, Brennstoffzellen-Forscher an der TU Darmstadt, sieht die Brennstoffzelle ebenfalls nur als Meilenstein auf dem Weg zum Elektromotor. Beide Technologien haben jedoch noch hohe Hürden auf dem Weg zur Marktreife zu nehmen. So ist der Energiegewinnungsprozess von Wasserstoff sehr aufwändig. Elektromotoren müssen in Bezug auf Gewicht und Haltbarkeit effizienter werden.[104]

2.4.3 Life Cycle Costing

Für das Automobil-Marketing bedeuten die zahlreichen technologischen Möglichkeiten, Spritverbräuche dramatisch zu senken; faktisch den Geldbeutel des Konsumenten bei steigenden Energiepreisen zu schonen, sowie das Autofahren umweltverträglicher zu machen. Dies geschieht auch im Sinne der innovativen preispolitischen Strategie des *Life Cycle Costing*. Unter Life Cycle Costing wird eine Methode verstanden, die das Ziel verfolgt, die im Laufe des Lebenszyklus eines Produktes entstehenden Kosten zu optimieren. Aus Kundensicht sind diese Kosten vornehmlich die Beschaffungs- und Unterhaltungskosten eines Produktes. Vor dem Hintergrund steigender Betriebskosten durch den

---
[99] Vgl. o.V. (2008), http://www.unendlich-viel-energie.de/uploads/media/Presseinfo_Elektromobilitaet.pdf, S. 5. [Stand: 17.07.2008].
[100] Vgl. Wüst (2008), S. 48. Experteninterview mit Dipl. Ing. Helmut Löhn (04.08.2008).
[101] Ebd. (2008), S 44.
[102] Vgl. ebd. (2008), S. 44f.
[103] Vgl. o.V. (2008), http://www.wirtschaftsblatt.at/home/boerse/binternational/324614/index.do [Stand: 17.07.2008]. o.V. (2008), http://www.focus.de/auto/unterwegs/tid-11103/elektroautos-ohne-strom-faehrt-kuenftig-gar-nichts_aid_317320.html [Stand: 17.07.2008].
[104] Experteninterview mit Dipl. Ing. Helmut Löhn (04.08.2008).

Benzin- und Dieselpreis ist zu erwarten, dass Kunden eine größere Aufmerksamkeit auf diesen kaufentscheidungsrelevanten Aspekt bei der Fahrzeugwahl legen werden.[105] Ein geringerer Verbrauch durch neue und/oder verbesserte Antriebe kommt Unternehmen mit Life Cycle Costing-Ansatz entgegen. Auf der anderen Seite reagieren deutsche Konsumenten aufgrund der höheren Anfangskosten der innovativen Antriebsmotoren mit Reaktanz.[106] Die Anforderungen an das Marketing von Autoherstellern wird sein, ganzheitliche ökologieorientierte Konzepte glaubwürdig mit dem Produkt Auto zu verbinden und die geringeren Betriebskosten der Autos mit kraftstoffarmen Antrieben, in der Preiskommunikation herauszustellen.

2.5 Ökologische Einflussfaktoren

2.5.1 Ressourcenverknappung und globale Erderwärmung

Die ökologischen Rahmenbedingungen sind einem Wandel unterzogen. Die Menschheit musste sich in dem letzten Jahrzehnt einer Radikalkur in Sachen Umweltsituation unterziehen. Dies hat – wie in den vorigen Kapiteln zum Ausdruck kam – starke Auswirkungen auf die Automobilindustrie. Die zuvor behandelten Rahmenbedingungen respektive ihre Implikationen für das Automobil-Marketing sind zu einem großen Teil direkt auf ökologische Veränderungen in dem Lebensraum der Menschheit zurückzuführen. Aus diesem Grund wird sich im Folgenden den ökologischen Rahmenbedingungen explizit gewidmet.

Aktuelle Produktanforderungen und gesetzgebende Neuerungen, die die Automobilwirtschaft betreffen und direkte Anforderungen an das Automobil-Marketing ergeben, sind auf zwei Themenfelder, die derzeit die öffentliche Debatte bestimmen, zurückzuführen. – *Global Warming und Ressourcenverknappung.*

Der Begriff Global warming beschreibt den Anstieg der durchschnittlichen Temperatur der Erdatmosphäre. Nach bisherigen Erkenntnissen sind CO_2-Emissionen sowie die Rodung von Wäldern Haupttreiber des atmosphärischen Treibhauseffektes. Direkte Auswirkungen sind das Schmelzen des Polareises, das den Meeresspiegel ansteigen lässt und somit Menschen aus ihren Lebensräumen verdrängen wird, sowie Trinkwasserverknappung.[107]

---

[105] Vgl. Diez (2006), S. 253f.
[106] Vgl. o.V. (2007),
http://www.pwc.de/portal/pub/!ut/p/kcxml/04_Sj9SPykssy0xPLMnMz0vM0Y_QjzKLd4p3dg0CSYG YLm4W-pEQhgtEzCDeESESpO-t7-
uRn5uqH6BfkBsaUe7oqAgAOq82vw!!?siteArea=49c234c4f2195056&content=e5eab44d0af7085& topNavNode=49c4e4a420942bcb [Stand: 18.07.2008].
107 Vgl. Traufetter (2007), S. 142ff.

Weitere Effekte sind eine erhöhte Frequenz von Dürren und Überschwemmungen als auch eine Ausbreitung der Wüsten.[108] Abbildung 8 ist dem UN-Klimareport von 2007 entnommen und zeigt den kontinuierlichen Anstieg der Erdtemperatur. Ein weiterer Anstieg ist aufgrund anhaltender CO2-Emissionen und Entwaldung sicher. Am wahrscheinlichsten gilt unter den Forschern des Weltklimarates eine Temperaturerhöhung von 3,4 Grad Celsius bis Ende des Jahrhunderts.[109]

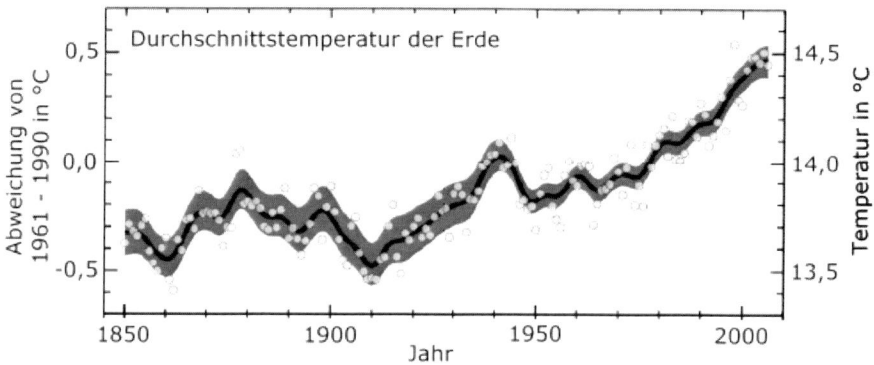

Abbildung 8: Temperaturentwicklung auf der Erde[110]

Die Diskussion um eine Ressourcenverknappung von fossilen Energien wie Öl, Gas und Kohle beinhaltet zwar den Zeitpunkt der Ressourceerschöpfung betreffend sehr konträre Gesichtspunkte. Doch weisen die gestiegenen Rohstoffpreise zumindest in die Richtung, dass der Erde die Rohstoffe ausgehen und dass die Förderung neuer Quellen, insbesondere in Hinblick auf das Öl, kostenintensiver werden wird.[111]

Schaubild 9 zeigt die Effekte der beiden Aspekte auf die Rahmenbedingungen der Automobilbranche. Es ist zu erkennen, dass zwei globale Umweltfragen ausreichen, einen ökologieinduzierten nachhaltig starken Einfluss auf die Automobilbranche zu besitzen. Die Abbildung verdeutlicht den kausalen Zusammenhang der verschiedenen Faktoren und zeigt, dass die zwei ökologischen Treiber *Ressourcenverknappung* und *globale Erderwärmung* einen Prozess in Gang gesetzt haben, der sich sehr stark auf die Automobilindustrie und die Automobilgesellschaft auswirkt. Die globale Erderwärmung mit ihren tiefen Einschnitten in die Lebensqualität von Mensch und Tier haben auf psychologischer Ebene

---

108 Vgl. Bethge u.a. (2006), S. 78ff.
109 Vgl. Redaktion Der Spiegel (2008), S. 13.
110 Paeger (2008), http://www.klimawandel-verstehen.de/html/temperatur.html [Stand: 18.07.2008].
111 Vgl. Follath; Jung (2004), S. 106ff.

ein erhöhtes Ökologie-Verständnis zur Folge. Die deutsche Gesellschaft und die deutsche Politik nehmen weltweit eine Vorreiterrolle gegen den Klimawandel ein.[112] Die Ressourcenverknappung und die damit verbundenen Preisanstiege von Gas und Öl bedingen, dass eine marktinduzierte Nachfrage nach kraftstoffsparenderen Motoren bzw. neuen Antriebsformen existiert. Diese zwei Effekte besitzen wiederum Auswirkungen auf politisch-rechtliche, ökonomische, soziokulturelle und technologische Rahmenbedingungen der Automobilgesellschaft wie Umweltgesetzesinitiativen, Inflation, gestiegene Preissensibilität der Konsumenten und erhöhte F+E Ausgaben der Automobilindustrie. Die vier Ebenen der klassischen PEST-Analyse haben jedoch ebenso eine Einflussnahme auf die psychologische Ebene. Hier kann folglich von einer Wechselbeziehung zwischen PEST-Determinanten und den psychologischen Bestimmungsfaktoren, Ökologieverständnis sowie Market-Pull, ausgegangen werden. Die gegenseitige Einflussnahme der Ebenen ist als Wechselspiel zu betrachten, die die Auswirkungen der ökologischen Umwälzungen auf die Gesellschaft verstärken.

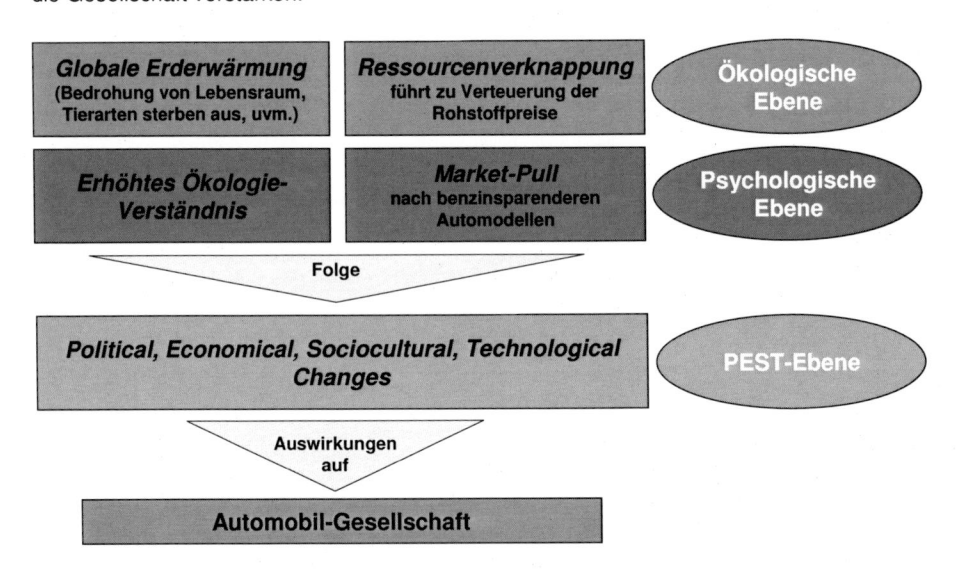

Abbildung 9: Auswirkungen von zwei ökologischen Treibern auf die Automobil-Gesellschaft[113]

---

112 Vgl. Die Bundesregierung (2007), http://www.bundesregierung.de/Content/DE/Magazine/emags/evelop/049/t1-klimawandel-entwicklungslaender.html [Stand: 19.07.2008].
[113] Eigene Darstellung.

2.5.2 Verkehrsaufkommen

Ein weiterer Umweltaspekt ist zudem das steigende Verkehrsaufkommen, das zu einer Erhöhung der Kohlendioxidemissionen führt. Immer mehr Menschen sind heutzutage motorisiert. Vor allem in den Entwicklungsländern zeigt die Motorisierungsrate anhaltend stark steigende Tendenz. Trotz des demographischen Wandels und eines entweder negativen oder sehr geringen Bevölkerungswachstums in den letzten Jahren steigt der Anteil der Kraftfahrzeuge in Deutschland ebenfalls. Es werden zwar weniger Neuwagen zugelassen, doch werden im Gegenzug auch häufiger Kraftfahrzeuge überschrieben und durch den technologischen Fortschritt länger fahrbar.[114] Dies und eine steigende Anzahl an Berufspendlern führen zu einem erhöhten Stauaufkommen.[115] Verkehrsleitsysteme wie Navigationsgeräte mit Stauerkennung und infrastrukturelle Verbesserungen versuchen bei diesem Problem, Abhilfe zu schaffen.[116]

Negative globale Externalitäten werden in Abbildung 10 feststellbar. Das weltweite PKW-Aufkommen wird weiter steigen und somit werden Bemühungen, die absoluten Schadstoffausstöße zu senken, erschwert. Das Problem der Erderwärmung und der Ressourcenknappheit wird somit auch durch das wachsende Verkehrsaufkommenverschärft.

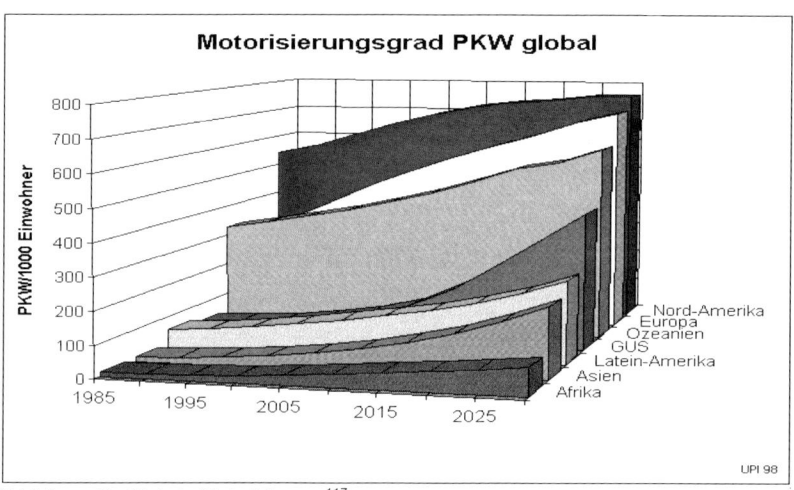

Abbildung 10: Globale Motorisierung[117]

---

[114] Vgl. Hünerberg; Heise; Hoffmeister (1995), S. 15ff.
[115] Vgl. o.V. (2006), http://www.hvv-futuretour.de/wiki/index.php?title=Bild:16personenverkehr.gif [Stand: 18.07.2008].
[116] Vgl. Hünerberg; Heise; Hoffmeister (1995), S. 657.
[117] o.V. (1998), http://www.upi-institut.de/images/upi352.gif [Stand: 19.08.2008].

2.6 Fazit PESTE-Analyse

In diesem Kapitel wurden bislang Triebkräfte beschrieben, die zu den Rahmenbedingungen der Automobilbranche und des -Marketing gehören. Im Folgenden werden anhand einer Matrix die signifikantesten Einflussfaktoren, die aktuell und zukünftig die Automobilwirtschaft beeinflussen, identifiziert. Die Matrix, die sich in Bezug auf ihren Aufbau an einer *risk map* orientiert, dient der Visualisierung und der Zusammenfassung der fünf Themenfelder der PESTE-Analysis unter besonderer Berücksichtigung von Umweltaspekten. Die bedeutendsten Rahmenbedingungen für die in Deutschland agierende Automobilindustrie werden behandelt und auf ihre Relevanz geprüft. Die Evaluierung der Faktoren sowie die Ergebnisse der Matrix unterliegen der subjektiven Einschätzung des Autors dieser Arbeit.

Die Abszissenachse beschreibt die *Unsicherheit* über das Eintreten des Faktors sowie die Unsicherheit über die Art und den Umfang seiner Auswirkungen. Mit ihr wird demnach die Eintrittswahrscheinlichkeit eines Aspektes beschrieben. Die Ordinatenachse bezieht sich auf die *Bedeutung* des Faktors für die Automobilbranche. Es wird angezeigt, wie groß die Auswirkung des einzelnen Einflussfaktors bei Eintritt sein wird.

Die Farbe der Kreise verdeutlicht die Möglichkeit des Automobil-Marketing, sich durch eine adäquate Integration der spezifischen Rahmenbedingungen in das Marketingkonzept Wettbewerbsvorteile zu verschaffen. Durch eine farbliche Zuordnung soll also der Grad der Steuerbarkeit durch den Marketing Mix gemessen werden. Die übergeordnete Fragestellung ist, ob das Marketing eines Automobilherstellers durch geschickt ausgerichtete Unternehmensaktivitäten den jeweiligen Faktor zu einem kundengewinnenden Themenfeld etablieren kann. Die Diagonale stellt eine Signifikanzschwelle dar. Die Faktoren, die sich in der rechten oberen Hälfte befinden, sind von wesentlicher Relevanz für das Automobil-Marketing.

Triebkräfte-Matrix der Automobilindustrie

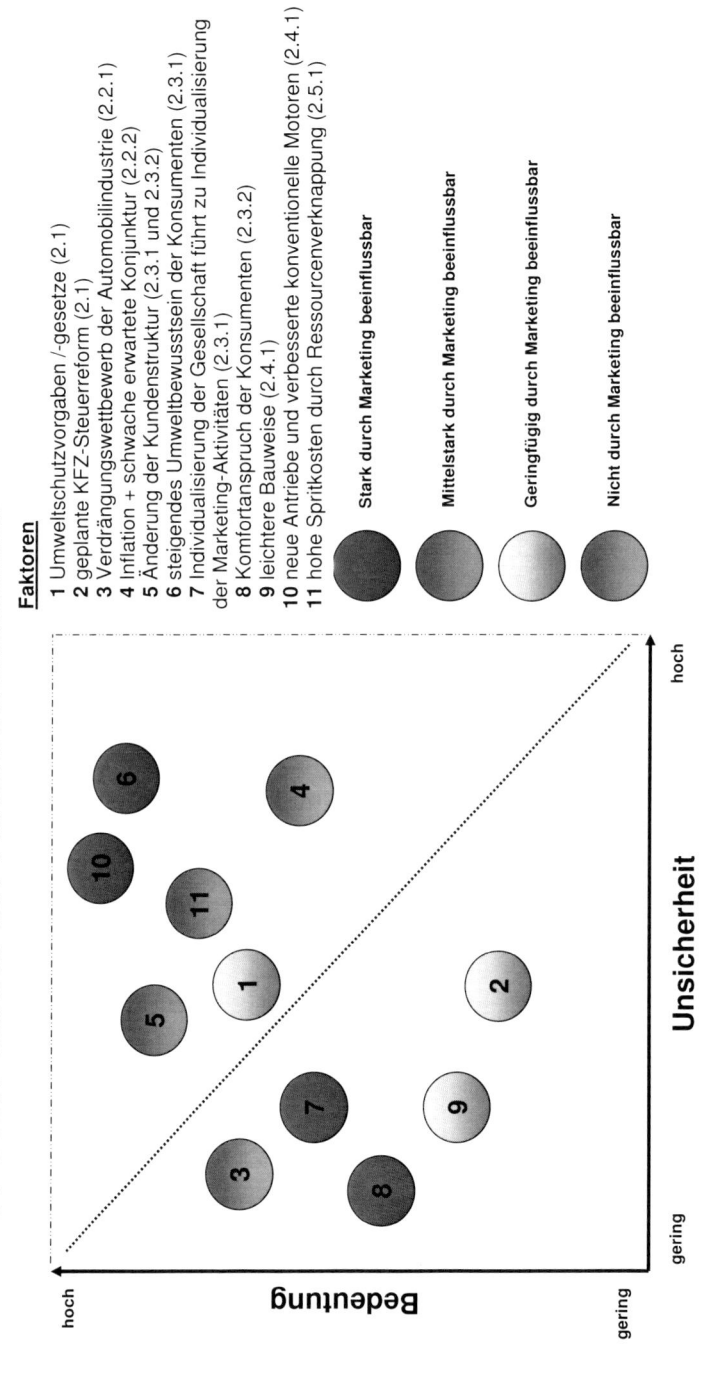

Faktoren

1 Umweltschutzvorgaben /-gesetze (2.1)
2 geplante KFZ-Steuerreform (2.1)
3 Verdrängungswettbewerb der Automobilindustrie (2.2.1)
4 Inflation + schwache erwartete Konjunktur (2.2.2)
5 Änderung der Kundenstruktur (2.3.1 und 2.3.2)
6 steigendes Umweltbewusstsein der Konsumenten (2.3.1)
7 Individualisierung der Gesellschaft führt zu Individualisierung der Marketing-Aktivitäten (2.3.1)
8 Komfortanspruch der Konsumenten (2.3.2)
9 leichtere Bauweise (2.4.1)
10 neue Antriebe und verbesserte konventionelle Motoren (2.4.1)
11 hohe Spritkosten durch Ressourcenverknappung (2.5.1)

- Stark durch Marketing beeinflussbar
- Mittelstark durch Marketing beeinflussbar
- Geringfügig durch Marketing beeinflussbar
- Nicht durch Marketing beeinflussbar

Abbildung 11: Triebkräfte-Matrix der Automobilindustrie[118]

---

[118] Eigene Darstellung.

Aus dem Inhalt der vorherigen Kapitel geht hervor, dass es interdependente Verbindungen zwischen den einzelnen Faktoren gibt. Bei starker Interdependenz sind diese Faktoren zusammengefasst. Insgesamt haben sechs der elf Faktoren die Signifikanzschwelle übertreten und besitzen somit eine erhöhte Relevanz für die Automobilindustrie.

Zwei dieser Triebkräfte werden in dem Marketingkonzept eines Unternehmens der Automobilbranche einen sehr hohen Stellenwert einnehmen und sind auch durch das Marketing aktiv beeinflussbar. Diese Faktoren, die in Zukunft eine wichtige Rolle für die Automobilindustrie spielen werden, sind die *neuen Antriebe* bzw. die Verbesserungen der bestehenden Antriebe hinsichtlich ihrer Umweltverträglichkeit und das steigende *Umweltbewusstsein* der Konsumenten. Es besteht jedoch auch eine große Unsicherheit darüber, ob sich das höhere Umweltbewusstsein in allen deutschen Gesellschaftsschichten anhaltend durchsetzen und der Ruf nach sparsameren Motoren somit stärker werden wird. Des Weiteren stellt sich die Frage, ob die Reaktanz der Verbraucher gegen einen höheren Anfangspreis der neuen Motoren durch geringere Betriebskosten und höhere Umweltverträglichkeit ausgeglichen werden kann. Sicher ist zumindest, dass die Veränderungen in der Umwelt in den strategischen Überlegungen von Automobilbauern Berücksichtigung finden müssen. Sonst geraten sie wie der Automobilexperte Ferdinand Dudenhöffer betont, in eine „strategische Zange", die zu Zielkonflikten zwischen Umwelt, Sicherheit und Komfort führen werde.[119] Der kritische Erfolgsfaktor liegt somit in der Marketingkonzeption der Unternehmen und im Umgang mit den neuen Technologien.[120] Wie aus Punkt 2.4.2 ersichtlich wird, hat das Gros der Autohersteller den Handlungsbedarf erkannt und erforscht die Möglichkeiten neuerer sowie effizienterer Antriebe.

Für den Absatz in Deutschland wird die *Inflation und die Konsumfreude* der Deutschen eine bedeutende Rolle spielen. Die befürchteten Szenarien von Rezession und Stagflation, deren Eintritt aufgrund der jetzigen weltweiten Wirtschaftssituation denkbar ist, würden die Automobilindustrie schwer treffen. Der Erfolg der Automobilwirtschaft ist zu einem Teil von der Konjunktur abhängig. Allerdings besteht bezüglich des Eintretens dieses Faktors und des Schadensausmaßes Unsicherheit. Hier besteht marketingtechnisch kein Handlungsspielraum.

---

[119] Vgl. Dudenhöffer (2006), S. 34.
[120] Vgl. ebd., S. 32. PWC (2007),
http://www.pwc.de/portal/pub/!ut/p/kcxml/04_Sj9SPykssy0xPLMnMz0vM0Y_QjzKLd4p3dg0CSYG YLm4W-pEQhgtEzCDeESESpO-t7-
uRn5uqH6BfkBsaUe7oqAgAOq82vw!!?siteArea=49c234c4f2195056&content=e5eab44d0af7085& topNavNode=49c4e4a420942bcb [Stand: 19.07.2008].

Dagegen ließen sich g*esetzliche Umweltschutzvorgaben und -gesetz*e besser in Marketingkonzepte integrieren. Inwieweit ein Unternehmen Umweltschutzvorgaben in seinem Marketing Mix behandelt, hängt vor allem von der strategischen Positionierung des Unternehmens ab.

Eine *Änderung der Kundenstruktur*, die zurückzuführen ist auf die Erosion der gesellschaftlichen Mitte, auf die Zunahme an Singlehaushalten und den demographischen Wandel, wird in den strategischen Überlegungen der Konzerne eine bedeutende Rolle einnehmen. Denn schließlich entscheidet sich an diesem Hebel, welche Autos in der Zukunft nachgefragt werden. Auf diesen Faktor kann das Automobil-Marketing einen mittelstarken Einfluss ausüben. Die Notwendigkeit einer Individualisierung von Marketingkonzeptionen, die ebenfalls in der Matrix behandelt wird, ist bei den Zielgruppen, die eine geänderte Kundenstruktur nach sich zieht, von Bedeutung. Marketingexperten der Automobilwirtschaft müssen ihren Fokus zunehmend auf Frauen und Senioren legen.

Hohe Energiekosten werden die Automobilindustrie in Zukunft ebenfalls beschäftigen. Doch auch hier ist der volle Umfang dieses Faktors nicht genau prognostizierbar, da die Höhe des zukünftigen Benzinpreises und die Reaktion der Verbraucher nicht exakt vorhergesagt werden kann. Experten gehen davon aus, dass sich das Fahrverhalten der Verbraucher erst mit dem Erreichen noch höherer Benzinpreise grundlegend ändern wird.[121] Autohersteller, die bei ihrer Kommunikation mit Preisargumenten gestalten, werden in Zukunft von dieser Entwicklung profitieren – sofern sie das Life Cycle Costing glaubwürdig vertreten.

Inwieweit die sechs identifizierten Rahmenbedingungen in der automobilen Werbung berücksichtigt werden, wird im übernächsten Kapitel behandelt. Zudem wird ein Bezug der Werbeaspekte zu der strategischen Ausrichtung des Automobilherstellers, der Zielgruppe und dem benutzten Medium hergestellt. Das folgende Kapitel wird sich mit den theoretischen und konzeptionellen Grundlagen der Automobilwerbung auseinandersetzen.

---

[121] Vgl. Kuhne (2001), http://deposit.ddb.de/cgi-bin/dokserv?idn=97440568x&dok_var=d1&dok_ext=pdf&filename=97440568x.pdf, S. 134ff. [Stand: 19.07.2008].

3 Theoretische und konzeptionelle Grundlagen der Werbung von Automobilherstellern mit Umweltaspekten

3.1 Einleitung

Im Kommunikationsmix der Automobilwirtschaft spielt die Mediawerbung eine vorherrschende Rolle. Die Ausgaben für Mediawerbung der Automobilhersteller sind von 1995 bis 2005 um 40 Prozent gestiegen. Diez sieht in diesem Anstieg einen intensiv geführten Wettbewerb sowie eine rückläufige Effizienz der klassischen Medienwerbung.[122]

Mit einem Anteil von 50 Prozent überwiegen Printmedien im Media-Mix des Automobilmarktes. 38,7 Prozent beträgt der Marktanteil des Fernsehens und 7,9 Prozent entfallen auf den Hörfunk. Die restlichen 2,2 Prozent werden der Plakatwerbung zugeordnet. Diese Werte stellen aber nur den Branchendurchschnitt dar und variieren von Unternehmen zu Unternehmen relativ stark. Kleinere Hersteller sind in der Fernsehwerbung aufgrund von Kostengründen nicht vertreten.[123]

Aus Abbildung 12 wird ersichtlich, dass sich die Werbeausgaben je verkauftes Auto in Deutschland sehr stark unterscheiden. Automobilbauer mit hohen Marktanteilen wie BMW, VW, Opel, Mercedes-Benz und Audi haben niedrige Aufwendungen, wohingegen vor allem Hersteller mit geringen Marktanteilen sehr hohe Ausgaben besitzen. Dieser Umstand ist auf drei Gründe zurückzuführen:

- Durch den hohen Bestand im Markt besitzen große Automobilunternehmen eine dominierende optische Präsenz. Diese muss bei kleineren Marken erst durch Werbung aufgebaut werden.
- Höhere Absatzzahlen pro Modell lassen die Werbeausgaben pro Fahrzeug sinken.
- Die großen Hersteller profitieren von Firmenkundengeschäften, bei denen große Mengen abgesetzt werden können. Die Werbeausgaben im Großabnehmergeschäft sind in Relation zum Privatkundengeschäft eher gering.[124]

---

[122] Vgl. Diez (2006), S. 424ff.
[123] Vgl. Krix (2006), S. 10.
[124] Vgl. Diez (2006), S. 425f.

Marke	Werbeausgaben je Neuzulassung	Marke	Werbeausgaben je Neuzulassung
Alfa Romeo	629,99 €	Mitsubishi	412,04 €
Audi	190,64 €	Nissan	494,85 €
BMW/Mini	176,65 €	Opel	220,29 €
Chevrolet	472,40 €	Peugeot	610,64 €
Chrysler/Jeep	450,03 €	Porsche	349,60 €
Citroen	929,10 €	Renault	488,29 €
Fiat	437,25 €	Saab	915,73 €
Ford	324,55 €	Seat	451,50 €
Honda	772,56 €	Skoda	140,15 €
Hyundai	256,72 €	Smart	328,03 €
Jaguar	759,65 €	Subaru	205,53 €
KIA	242,13 €	Suzuki	264,40 €
Land Rover	739,40 €	Toyota/Lexus	822,52 €
Maserati	998,71 €	Volvo	370,88 €
Mazda	553,45 €	VW	240,38 €
Mercedes-Benz	166,43 €		

Abbildung 12: Werbeausgaben ausgewählter Automobilhersteller[125]

In der Werbeplanung des Automobil-Marketing ist vor allem die Homogenität in der kommunikativen Strategie von Bedeutung. Werbepolitische Aspekte müssen mit den anderen Kommunikationsinstrumenten inhaltlich, formal und zeitlich abgestimmt werden. Startpunkt einer Werbekampagne ist ein im Vorhinein festgelegter Werbeplan. Dessen Aufgabe ist, alle werbepolitischen Aktivitäten eines Unternehmens aufeinander abzustimmen. Abbildung 13 verdeutlicht, welche Bestandteile Einfluss auf die Werbeplanung nehmen. Neben der Abstimmung des Marketing- und Kommunikationsmix mit der Unternehmenspolitik sind auch gesellschaftliche und marktspezifische Rahmenbedingungen zu beachten. Mitbewerber sollten – auch im Sinne von *best practice* – ebenso wie die rechtlichen Bedingungen berücksichtigt werden. Auftretende Probleme können somit im Vorhinein erkannt und angegangen werden. Marktforschung sollte angewandt werden, um die Zielgruppe einschätzen und die Wirkung der Kampagne estimieren zu können. Mit Hilfe einer Wirkungskontrolle wird erkannt, ob die Zielgruppe auf die richtige Art und Weise adressiert wird.[126]

---

[125] Diez (2006), S. 425.
[126] Vgl. Schweiger; Schrattenecker (2005), S. 159f.

```
┌─────────────────┐  ┌─────────────────┐  ┌─────────────────┐
│ Gesellschaftlicher│  │ Marktspezifischer│  │   Gesetzlicher  │
│      Rahmen     │  │      Rahmen     │  │      Rahmen     │
└─────────────────┘  └─────────────────┘  └─────────────────┘

┌─────────────────┐  ┌─────────────────┐  ┌─────────────────┐
│   Mitbewerber   │  │ Unternehmens-   │  │  Marketing- und │
│                 │  │     politik     │  │ Kommunikationsmix│
└─────────────────┘  └─────────────────┘  └─────────────────┘
```

Werbeplanung

Marktforschung   Werbekampagne

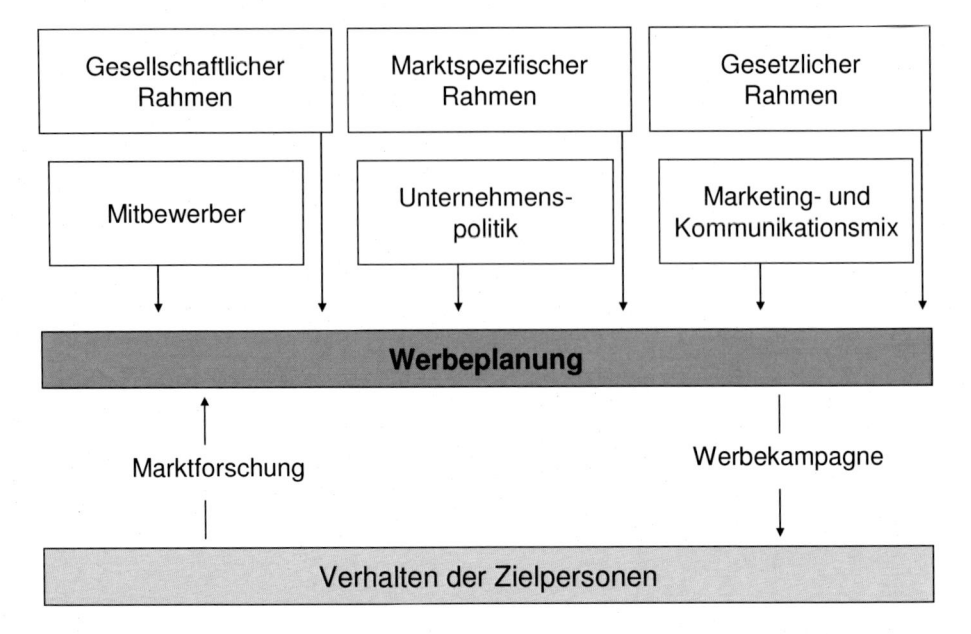

Verhalten der Zielpersonen

Abbildung 13: Inhalt und Rahmen der Werbeplanung[127]

Nach Hopfenbeck muss ökologische Werbung, wenn sie erfolgreich sein will, in ein „abgestimmtes Verhältnis zu anderen Argumenten, insbesondere zum konkreten Produktnutzen" gesetzt werden.[128] Das bedeutet, dass die Umweltverträglichkeit einen Zusatznutzen, nicht aber das Hauptverkaufsargument darstellt. Oftmals geraten dabei Umweltaspekte mit anderen Konsumentenanforderungen wie Komfort, Preis, Bequemlichkeit etc. in einen Interessenkonflikt.[129] An dieser Stelle sei jedoch anzumerken, dass in jüngster Zeit bei vielen ökologisch-orientierten Produkten ein finanzieller Vorteil gegenüber nicht-umweltschonenden Produkten besteht. Gerade im Automobilbereich ist diese Entwicklung zu beobachten. Zwar existieren bei umweltfreundlichen Autos höhere Anschaffungskosten. Diese amortisieren sich jedoch durch geringere Betriebskosten im Laufe der Zeit.[130] Die Mischung aus Preis- und Ökologievorteil kann für einen Autohersteller eine Chance sein, sich auf dem Markt zu differenzieren.

---

[127] Schweiger; Schrattenecker (2005), S. 159.
[128] Hopfenbeck (1994), S. 315.
[129] Vgl. ebd., S. 315f.
[130] Vgl. Life Cycle Costing 2.4.3.

3.2 Aufbau und Inhalt der Werbekonzeption

3.2.1 Werbeziele

Aus einer Situationsanalyse werden die Werbeziele, die auf die allgemeinen Marketingziele eines Unternehmens abgestimmt sind, abgeleitet. Diese können prinzipiell in *ökonomische* und *psychografische* Ziele unterteilt werden. Ökonomische Ziele verfolgen die Steigerung von Absatz sowie von Marktanteilen. Die Wirksamkeit von werbepolitischen Aktivitäten auf wirtschaftliche Zielsetzungen ist schwer messbar, wobei davon ausgegangen werden kann, dass die Erreichung von psychologischen Endzwecken ökonomische Zielsetzungen positiv beeinflusst. Psychografische Ziele können in kognitive, affektive und konative Werbeziele eingeteilt werden und lassen sich aus Werbewirkungsmodellen (AIDA-MODELL, Modell der Wirkungspfade von Kroeber-Riel etc.[131]) herbeiführen.[132]

Kognitive Ziele sind, die Bekanntheit, die Erinnerung und das Wissen von Verbrauchern über eine Marke, ein Produkt oder ein Unternehmen zu erhöhen. Bezüglich des Öko-Marketing beinhaltet die kognitive Dimension das subjektive Wissen der Verbraucher über die Konsequenzen ihres Kaufverhaltens auf die Umwelt.[133] Kognitiv-orientierte Ziele steuern folglich die Informationsaufnahme, -verarbeitung und -speicherung der Konsumenten. *Affektive* Werbeziele sind die Stärkung und Förderung des Image und des Prestiges. Sie sind darauf ausgerichtet, eine Marke, ein Unternehmen etc. von Wettbewerbern unterscheidbar zu machen und eine klare Positionierung zu finden. Dies kann unter Zuhilfenahme von umweltbezogenen Argumenten geschehen. Unter *konativen* Werbezielen fällt die Schaffung konkreter Kaufabsichten beim Kunden. Einen gewissen Mindestgrad an Umweltbewusstsein vorausgesetzt, fragt sich der Konsument in der konativen Dimension auch, wie er mit seinem Kaufverhalten einen Beitrag zur Lösung ökologischer Probleme leisten kann.[134] Übergeordnetes Ziel dieser drei Aspekte ist, eine *Unique Advertising Proposition* aufzubauen. Dies ist der Tatsache geschuldet, dass zwischen den Zielen Markenbekanntheit, Markensympathie und Markenkaufbereitschaft eine enge Beziehung besteht.[135]

---

[131] AIDA-Modell (Attention, Interest, Desire, Action), Modell der Wirkungspfade (Aufmerksamkeit, kognitive Vorgänge, Emotionale Vorgänge, Einstellung, Kaufabsicht, Kauf). Vgl. dazu Schweiger; Schrattenecker (2005), S. 171ff.
[132] Vgl. Diez (2006), S. 428. Bruhn (2005), S. 158f. Kotler; Bliemel (2001), S. 935ff.
[133] Vgl. Tischler (1996), S. 466.
[134] Vgl. ebd., S. 467.
[135] Vgl. Bruhn (2005), S. 160. Diez (2006), S. 428.

In der Automobilwirtschaft existiert die Besonderheit, dass die meisten Automobilhersteller einen Bekanntheitsgrad von nahe 100 Prozent erzielen. Daher steht das Image der Marke oder des Unternehmens im Blickfeld der Werbeaktivitäten. Falls allerdings ein neues Modell auf den Markt gebracht wird, muss das Automobil-Marketing Produktwerbung mit dem Ziel der Bekanntheitssteigerung betreiben.[136]

Werbeziele müssen zudem operationalisierbar sein, um als Steuerungselement für werbepolitische Aktivitäten zu dienen. Daher werden Werbeziele in diese Größen gesplittet:

- Zielinhalt,
- Werbeobjekt,
- Ausmaß,
- Zielgruppe,
- Zeitbezug sowie
- Messmethode.[137]

Die Werbeziele ökologischer Werbung sind sekundärer Natur. Dieser Umstand ist auf die Tatsache zurückzuführen, dass der Umweltbezug von Werbung Nebenbedingungen wie z.B. eine Erhöhung des Bekanntheitsgrades umweltschonender Produktalternativen erfüllen soll. Die Hauptbedingung besteht traditionell darin, den Absatz zu erhöhen und ist infolgedessen ökonomischer Natur.[138]

3.2.2 Zielgruppenplanung

Nachdem die kommunikativen Ziele festgelegt worden sind, wird eine Zielgruppenplanung vorgenommen, um diejenigen Zielgruppen zu identifizieren, die mit den Werbemaßnahmen angesprochen werden sollen. Eine Zielgruppenplanung ist von Nöten, da kommunikative Maßnahmen nur segmentspezifisch wirksam sind. Grundlage des Werbeerfolges ist, eine möglichst genaue Abtrennung der einzelnen Segmente vorzunehmen, um homogene Zielgruppen adressieren zu können. Die Kommunikation einer Werbebotschaft sowie der gesamte Marketingmix werden dann auf diesen Zielpersonenkreis ausgerichtet.[139]

---

[136] Vgl. Diez (2006), S. 428f.
[137] Vgl. Schweiger; Schrattenecker (2005), S. 173ff.
[138] Vgl. Tischler (1996), S. 461f.
[139] Vgl. Bruhn (2005), S. 177.

Die Vorgehensweise beschränkt sich nach Bruhn auf drei Phasen und wird in Abbildung 14 visualisiert. Zuerst wird die Zielgruppenidentifikation vorgenommen. Hier werden die Personen und Institutionen eingekreist, die für „die Realisierung der Kommunikationsziele von Bedeutung sind".[140] Dabei kann in Kernzielgruppen und ergänzende Zielgruppen eingeteilt werden. Aktive Variable können sich u.a. auf Informationsbedürfnisse und das Kommunikationsverhalten der Zielgruppe beziehen. Die zweite Phase ist die Zielgruppenbeschreibung. Die Zielsegmente werden detailliert charakterisiert (passive Variablen), um optimale Implikationen für die Kommunikationsgestaltung zu erhalten. Zuletzt wird die Zielgruppenerreichbarkeit analysiert. Bei diesem Verfahren werden Informationen gewonnen, die als Entscheidungsstütze dahingehend dienen, mit welchen Kommunikationsmitteln und -trägern eine spezielle Zielgruppe am besten adressiert wird. Das Automobil-Marketing erhält dadurch z.B. Aufschluss darüber, welche Zeitschriften von den Zielsegmenten gelesen werden.[141]

---

[140] Bruhn (2005), S. 178.
[141] Vgl. Bruhn (2005), S. 178f.

```
┌─────────────────────────────────────┐
│   (1) Zielgruppenidentifikation     │
└─────────────────────────────────────┘
          │
    ┌─────────────────┐
    │ Aktive Variablen│
    └─────────────────┘
       ↙           ↘
┌──────────────┐  ┌────────────────────┐
│Kernzielgruppen│  │Ergänzende Zielgruppen│
└──────────────┘  └────────────────────┘
                ▼
┌─────────────────────────────────────┐
│   (2) Zielgruppenbeschreibung       │
└─────────────────────────────────────┘
          │
    ┌──────────────────┐
    │ Passive Variablen│
    └──────────────────┘
       ↙           ↘
┌──────────────┐  ┌────────────────────┐
│Kernzielgruppen│  │Ergänzende Zielgruppen│
└──────────────┘  └────────────────────┘
                ▼
┌─────────────────────────────────────┐
│   (3) Zielgruppenerreichbarkeit     │
└─────────────────────────────────────┘
```

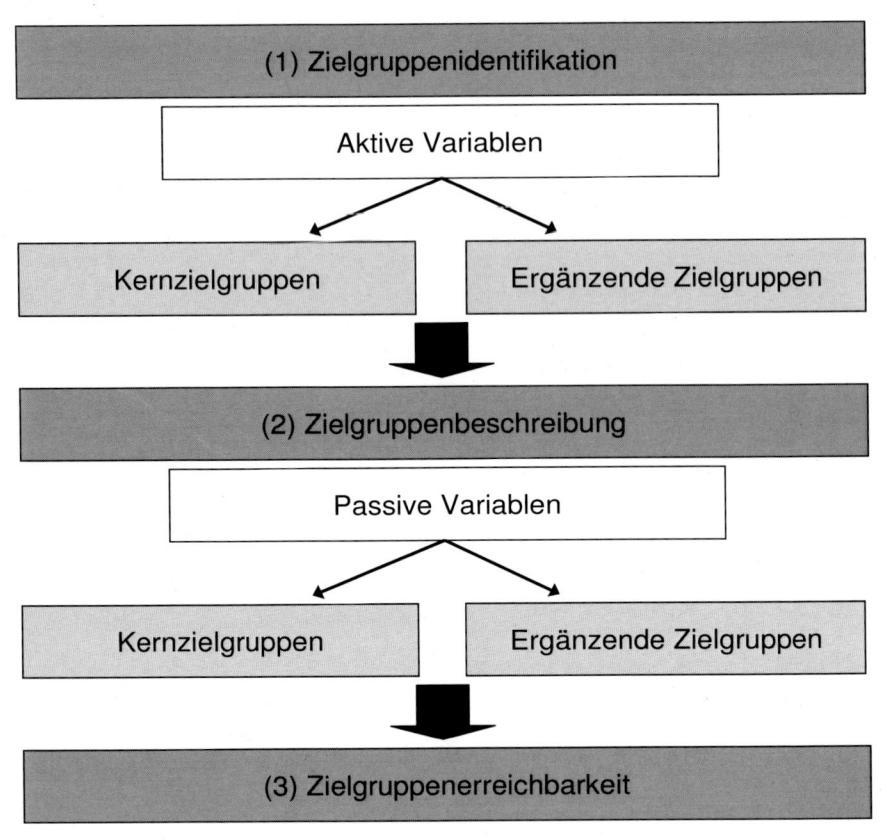

Abbildung 14: Vorgehen im Rahmen der Zielgruppenplanung[142]

Will ein Unternehmen in verschiedenen Marktsegmenten erfolgreich sein, ist ein *differenziertes Marketing*, bei dem mehrere Segmente mit unterschiedlich gestaltetem Angebot adressiert werden, vorzunehmen. *Konzentriertes Marketing* findet Anwendung, wenn ein Unternehmen nur eine einzige homogene Zielgruppe ansprechen will (siehe Abbildung 15).

---

[142] Ebd. (2005), S. 178.

Differenziertes Marketing

Marketing-Mix 1	⟶	Segment 1
Marketing-Mix 2	⟶	Segment 2
Marketing-Mix 3	⟶	Segment 3

Konzentriertes Marketing

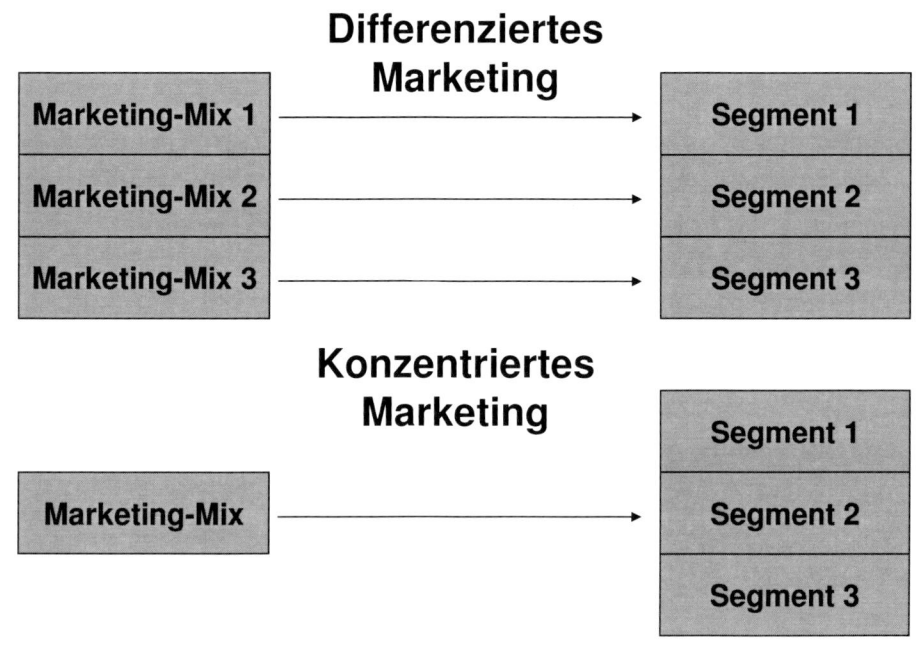

		Segment 1
Marketing-Mix	⟶	Segment 2
		Segment 3

Abbildung 15: Strategien der Marktbearbeitung[143]

Zielgruppenspezifische Besonderheiten ergeben sich für das Ökologie- sowie für das Automobil-Marketing, wenn Individualisierungstendenzen der Bevölkerung[144] und die steigende Zahl des Konsumententyps *LOHAS* betrachtet werden. Die zunehmende Individualisierung führt zu einer Erschwernis, homogene Zielgruppen zu erfassen und zu adressieren. Diese Entwicklung lässt bewährte Segmentierungsstrategien wegfallen und stellt eine Herausforderung dar, in der Zukunft Zielgruppen ohne Streuverluste direkt anzusprechen. LOHAS steht für „Lifestyle of Health and Sustainability" und ist ein neuer Verbrauchertyps, der sich in den letzten Jahren gebildet hat und dem zusehends mehr Konsumenten angehören. Studien zu Folge liegt der Anteil der LOHAS an der Gesamtbevölkerung in Deutschland zwischen fünf und 23 Prozent.[145] Zwar fallen die Ergebnisse der Studien sehr unterschiedlich aus, was auch für die zunehmende Individualisierung und der damit verbundenen Schwierigkeit spricht, Zielgruppen in Cluster zu fassen. Unbestritten ist jedoch, dass der Anteil der LOHAS zunimmt. LOHAS gehören meist kaufkraftstarken Schichten an und bevorzugen einen Lebensstil, der einerseits Komfort und Genuss

---

[143] Schweiger; Schrattenecker (2005), S. 60.
[144] Vgl. 2.3.1.
[145] Vgl. Schobelt (2007), S. 14.

verfolgt, andererseits aber auch die Umwelt schont. Als Resultat sind sie technikaffin, spaßorientiert, materialistisch sowie idealistisch zugleich und besitzen ein sehr hybrides Kaufverhalten.[146]

Das Automobil-Marketing muss diese Konsumentengruppe im Auge behalten. Obwohl sich diese Gruppe hinsichtlich anderer Ausprägungen wie Alter und Religion stark unterscheidet, stellen ökologie- und wertebasierte Konsumangebote eine Plattform dar, diesen Konsumententyp möglichst ohne Streuverluste zu erreichen. In Hinblick auf die Notwendigkeit umweltfreundlicher Technologien in Autos, der Konsumkraft der LOHAS und ihre wachsende Anzahl stellen sie ein interessantes Marktsegment dar.

3.2.3 Werbebotschaft

Grundlagen

1) Bestandteile der Werbebotschaft

Die Werbebotschaft beinhaltet die inhaltliche Aussage der Werbung und stellt die Unique Selling Proposition (USP) eines Unternehmens aus. Sie besteht aus den Elementen:
- Consumer Benefit,
- Reason Why,
- Tonality.[147]

Der *Consumer Benefit* zielt auf den Mehrwert des Kunden ab und kann auch als Werbeversprechen bezeichnet werden. Dieser äußert sich in konkretem Produktnutzen, begründet durch wirtschaftliche, technische oder physikalische Eigenschaften, und emotionalem Zusatznutzen wie Prestige, Jugendlichkeit, Gemeinschaftsgefühl etc. Der *Reason Why* begründet den Consumer Benefit, indem er beispielsweise technische Produktangaben oder durch bildhafte Sprache Prestige vermittelt. Beide stellen zusammen den Inhalt einer Werbebotschaft dar und können mittels verbaler sowie nonverbaler Mittel veranschaulicht werden.[148]

Die *Tonality* legt die Art und Weise fest, wie der Werbeinhalt und dessen Stil vermittelt werden. Zentrale Fragestellung ist, wie der Verbraucher die Werbung erleben soll. Grundlegend kann zwischen einer informativen und einer emotionalen Tonality differenziert

---

[146] Vgl. Grobitz (2007), S. 228.
[147] Vgl. Schweiger; Schrattenecker (2005), S. 222f.
[148] Vgl. Diez (2006), S. 429f. Schweiger; Schrattenecker (2005), S. 222f.

werden. Nach Diez ist die informative Tonality eine „sachliche, an die Ratio des Adressaten gerichtete werbliche Aussage[, die] kraft des besseren Argumentes mit konkreten Leistungsvorteilen überzeugen" will.[149] Die emotionale Tonality soll „Erlebnisqualitäten" bei der Zielgruppe vermitteln und zielt entweder auf die Aktivierung positiver Gefühlen wie Geborgenheit und Spaß oder auf die Aktivierung moralischer Befinden der Konsumenten ab.[150] Für Schweiger und Schrattenecker liegt die Hauptaufgabe der Tonality darin, eine Verbindung zwischen Marke und Konsumenten herzustellen und soll möglichst eine Identifikationsbasis der Zielperson mit der Marke schaffen.[151] Die Werbewirkung ist dementsprechend von der Vermittlung informativer und emotionaler Tonality abhängig.

Werbebotschaften können emotional und informativ gestaltet werden.[152] In der emotionalen Print-Automobilwerbung werden die Fahrzeuge selbst, Menschen, Landschaften oder auch Tiere verwendet. Text ist meist auf die Überschrift und den Slogan begrenzt. Die informative Werbeform greift auf die Verwendung von viel Text zurück. Hier werden dem Konsumenten technische Details, Preise und Produktvorteile dialektisch dargelegt. Diez hebt hervor, dass Autowerbung nicht einfach in emotionale und informative Werbung unterschieden werden kann. Oftmals besteht die Werbung aus beiden Aspekten, die dann verschieden stark ausgeprägt sind.[153]

2) Werbeformen

Im Automobil-Marketing existieren drei verschiedene Werbeformen der Werbebotschaft, die mit ökologischen Argumenten verbunden werden können:
- Die Bekanntheitswerbung,
- Die Imagewerbung,
- Die Aktionswerbung.[154]

Die *Bekanntheitswerbung* zielt darauf ab, das Produkt bzw. das Automodell auf dem Markt bekannt zu machen.

Bei der Imagewerbung wird zwischen Unternehmen, Marke und Produkt unterschieden. Ziel ist, dem Kunden ein bestimmtes Bild gegenüber dem Werbeobjekt zu vermitteln. Dabei liegt der Schwerpunkt der *Unternehmensimagewerbung* nicht mehr nur auf den

---

[149] Diez (2006), S. 430.
[150] Vgl. Bruhn (2005), S. 214. Diez (2006), S. 430.
[151] Vgl. Schweiger; Schrattenecker (2005), S. 223.
[152] Vgl. Punkt 3.3.2.
[153] Vgl. Diez (2006), S. 431f. Bruhn (2005), S. 218.
[154] Vgl. ebd., S. 432.

Kunden, sondern auch auf anderen Anspruchsgruppen wie Investoren, Mitarbeitern, Zulieferern und politischen Vertretern. *Markenimages* orientieren sich an einer Leitidee, die über die Ausrichtung der Marke Aufschluss gibt. In der Automobilindustrie sind Sportlichkeit, Komfort, neuerdings auch Umweltverträglichkeit und Sicherheit charakteristische Leitideen, die durch einen Slogan textlich zur Markenstärkung umgesetzt werden. Beispielhaft sind hier VW mit „Das Auto" oder Toyota „Nichts ist unmöglich" zu nennen. *Produktimagewerbung* hat die Aufgabe, Alleinstellungsmerkmale zu vermitteln, die den Kunden zum Kauf veranlassen sollen. Typische USP in der Automobilwirtschaft sind ein ästhetisches Design, ein geringer Preis, ein niedriger Verbrauch und ein hoher Sicherheitsstandard. Emotionale Tonality wird verwendet, wenn das Modell eine hohe emotionalisierende Wirkung besitzt. Informative Produktgestaltung wird bei Modellen betrieben, die hervorhebenswerte Produkteigenschaften besitzen.

Die *Aktionswerbung* soll zur schnellen Kaufentscheidung anregen und ist im Automobilbereich meist mit preispolitischen Komponenten versehen. Besonders häufig werden Preisrabatte, Leasing-Angebote und Sondermodelle beworben.[155] Diese Werbeform eignet sich nur bedingt für Automobilanzeigen in Bezug auf Umweltaspekte.

Grundlegende Bedeutung erfährt der *strategische fit* zwischen einer ökologieorientierten Werbebotschaft und einer strategischen Grundausrichtung eines Unternehmens respektive einer Marke. Eine Notwendigkeit für den unternehmerischen Erfolg besteht darin, dass wenn ein Unternehmen Umweltaspekte in seiner Werbung aufgreift, keine Unternehmensaktivitäten eine gegensätzliche naturschädigende Haltung aufweisen dürfen. Ansonsten würden Medien und kritische Öffentlichkeit eine Erfüllung der Unternehmensziele aus Gründen mangelnder Glaubwürdigkeit verhindern.[156]

3) Aktivierung

Die Aktivierung eines Verbrauchers ist notwendige Bedingung dafür, dass dieser aufmerksam gegenüber bestimmten Reizen ist. Je höher die Aktivierung einer Werbung, desto effizienter kann die Werbebotschaft verarbeitet werden. Dies ist zwar kein Garant für den Werbeerfolg, jedoch aber eine Voraussetzung. In diesem Sinne bedeutet eine erhöhte Aktivierung, dass der Mensch leistungsfähiger und aufnahmebereiter ist.[157]

Generell wird zwischen drei Reizen unterschieden:

---

[155] Vgl. Diez (2006), S. 433ff. Bruhn (2005), S. 215f.
[156] Vgl. Meffert (1990), S. 191f.
[157] Vgl. Schweiger; Schrattenecker (2005), S. 195f.

i) Emotionale Aktivierung

Biologisch vorgeprägte Muster (Erotische Darstellungen, Kindchenschema, Augen, Mimik, das Design eines Autos etc.) lösen bestimmte Reaktionen aus.

ii) Kognitive Aktivierung

Die Aufnahmeleistung wird durch gedankliche Konflikte, Humor, Widersprüche, Verblüffungen etc. ausgelöst.

iii) Physische Aktivierung

Eine Sensibilisierung des Konsumenten gegenüber bestimmten Reizen kann durch Form, Farbe, Größe eines Objektes hervorgerufen werden.[158]

3.2.4 Werbebudget

Das Werbebudget dient dazu, die anfallenden Planungs- und Durchführungskosten aller Werbeaktivitäten zu bezahlen. Die Budgetierung kann anhand folgender Bestimmungsgrößen und Methoden erfolgen:

- „All you can afford"-Prinzip (Orientierung an vorhandenen monetären Mitteln),
- Umsatzanteilmethode,
- Konkurrenz-Paritäts-Methode (Orientierung an den Werbekosten des Wettbewerbs),
- Methode der Werbekosten je Verkaufseinheit und
- werbezielabhängige Methode.[159]

Die „All you can afford"-Methode, die Umsatzanteilsmethode sowie das Verfahren der Werbekosten je Verkaufseinheit sind zwar leicht anzuwenden, doch besitzen sie einen gemeinsamen Mangel. Sie sind von Zyklen abhängig. Wenn eine große Nachfrage besteht, wird diese durch hohe Werbeausgaben verstärkt. Existiert ein schwacher Absatz, wird er durch diese drei Methoden nicht verhindert. Absatzschwankungen und Konjunkturzyklen werden dadurch intensiviert.

Die Konkurrenz-Paritäts-Methode, die sich an den Ausgaben der Geschäftskontrahent orientiert, impliziert, dass ein Unternehmen sich analog zum Wettbewerb verhalten will und keine Verbesserung der eigenen Marktposition anvisiert.

---

[158] Vgl. Schweiger; Schrattenecker (2005), S. 196.
[159] Vgl. ebd., S. 183f. Diez (2006), S. 437f. Kotler; Bliemel (2001), S. 938f.

Die werbezielabhängige Methode ist das in Praxis und Theorie anerkannteste Verfahren. Das Werbebudget wird anhand der Kommunikationsziele festgelegt, wobei finanzielle unternehmerische Situation, Produktlebenszyklus, Ausgaben der Wettbewerber und Marktsituation des Produktes in die Etatüberlegungen miteinfließen.

Die Verteilung des Werbebudgets erfolgt nach sachlichen und zeitlichen Kriterien. Bei der sachlichen Verteilung hilft eine Kosten-Nutzen-Analyse bezüglich der Entscheidung, wie hoch die Ausgaben für Werbeobjekte (Produkte, Dienstleistungen, Marken) und Kundensegmente (geographische Märkte, Imagekunden etc.) sein sollen. Bei der zeitlichen Einteilung werden die Ausgaben entweder intensiv über einen kurzen Zeitraum oder beständig über eine Planperiode verteilt. Welche Form gewählt wird, hängt stark von den Werbezielen ab. Soll eine Sonderaktion bekannt gemacht werden, stellt die konzentrierte Werbeanstrengung die beste Variante dar. Bei einem Markenaufbau oder einer Imagepflege ist die kontinuierliche Form anzuwenden.[160]

3.2.5 Werbeträger und -mittel

Werbeträger sind das Medium zur Übermittlung von Werbebotschaften. Werbemittel sind Bestandteil der Werbeträger und werden durch diese an die Zielperson herangeführt. Abbildung 16 verdeutlicht die Beziehung zwischen Werbeträger und -mittel.[161]

---

[160] Vgl. Schweiger; Schrattenecker (2005), S. 188f.
[161] Vgl. ebd., S. 280f.

Werbeträger	Werbemittel

Printmedien
• Tageszeitungen
  überregional
  regional
  Anzeigenblätter
• Zeitschriften
  Publikumszeitschriften
  Special-Interest-Zeitschriften
  Fachzeitschriften
• Adressbücher/Telefonbücher
	Anzeigen, Beilagen

Elektronische Medien
• Fernsehen
  öffentlich-rechtliche Anstalten
  Kabel-Kanäle
  Pay-TV
• Hörfunk
  öffentlich-rechtliche Anstalt
  Lokalradios
• Kino
• Internet
	TV-, Hörfunk- und Kino-Spot
	
	Banner, Interstitials, etc.

Außenwerbung	**Plakat, Verkehrsmittel-werbung, Bandenwerbung**

Abbildung 16: Werbemittel und Werbeträger im Überblick[162]

Mittels der Intermediaselektion wird entschieden, wie das Budget auf die verschiedenen Werbeträger verteilt wird. Es werden ein Basismedium sowie flankierende Medien der Kampagne bestimmt. Die Wahl des Werbeträgers ist von dem Werbeziel abhängig. Die Intramediaselektion befasst sich mit der Wahl eines Werbeträgers innerhalb der Werbeträgergruppe. Wesentliche Kriterien sind hier Reichweite, Kosten und Qualität.[163] Ein weiteres wesentliches Kriterium könnte das der Zielgruppe darstellen.

Die vorliegende Arbeit behandelt Autowerbung, die in Zeitschriften erscheint. Aus diesem Grund sei an dieser Stelle auf Zeitschriften als Werbeträger eingegangen.

---
[162] Diez (2006), S. 439.
[163] Vgl. Diez (2006), S. 440f.

Auf dem Zeitschriftenmarkt existieren allgemeine Zeitschriften wie z.B. Magazine und Illustrierte sowie Fachzeitschriften für Verbraucher mit Spezialinteressen. Zeitschriften mit einer speziellen Leserschaft bieten den Vorteil, dass Werbung sehr fokussiert ohne Streuverluste geschaltet werden kann. Anzeigen in Zeitschriften besitzen ein „längeres Leben als Werbemittel in Zeitungen, im Radio oder TV".[164] Dies ist darauf zurückzuführen, dass sie öfters betrachtet werden können und sich der Verbraucher länger mit ihnen auseinander setzen kann, da er frei über die investierte Zeit bestimmt. Insbesondere in Fachzeitschriften greifen Leser bewusst auf Anzeigen zurück, um sich informieren zu können.[165]

Einen weiteren Vorteil von Anzeigen in Zeitschriften sehen Schweiger und Schrattenecker in dem Image der jeweiligen Zeitschrift. Sie führen empirische Studien an, die einen Einfluss des Anzeigenumfeldes auf die Wirkung der Anzeige haben. Wird ein Medium insgesamt als glaubwürdig und seriös angesehen, beeinflusst diese Wertung die Akzeptanz und Glaubwürdigkeit der Anzeigenwerbung.[166]

3.2.6 Werbeerfolgskontrolle

Bei der Messung des Werbeerfolgs sind grundsätzlich zwischen Pre- und Post-Tests zu unterscheiden. Der Pre-Test wird aus Diagnose- und Prognosegründen durchgeführt. So können im Vorfeld einer Werbekampagne die Wirkung auf die Zielgruppe eingeschätzt und bei Bedarf Korrekturen vorgenommen werden, um einen möglichst großen Werbeerfolg zu erzielen. Post-Tests messen, welche Wirkungen eine Werbung bei der Zielgruppe erlangt hat. Werden die Ergebnisse des Pre-Tests mit den vorher bestimmten Werbezielen verglichen, können der Zielerreichungsgrad und weitere Maßnahmen ermittelt werden.[167]

---

[164] Vgl. Schweiger; Schrattenecker (2005). S. 282.
[165] Vgl. Meffert (1998), S. 695f. Schweiger; Schrattenecker (2005). S. 282f.
[166] Vgl. Schweiger; Schrattenecker (2005), S. 283.
[167] Vgl. Diez (2006), S. 450f. Schweiger; Schrattenecker (2005), S. 318ff.

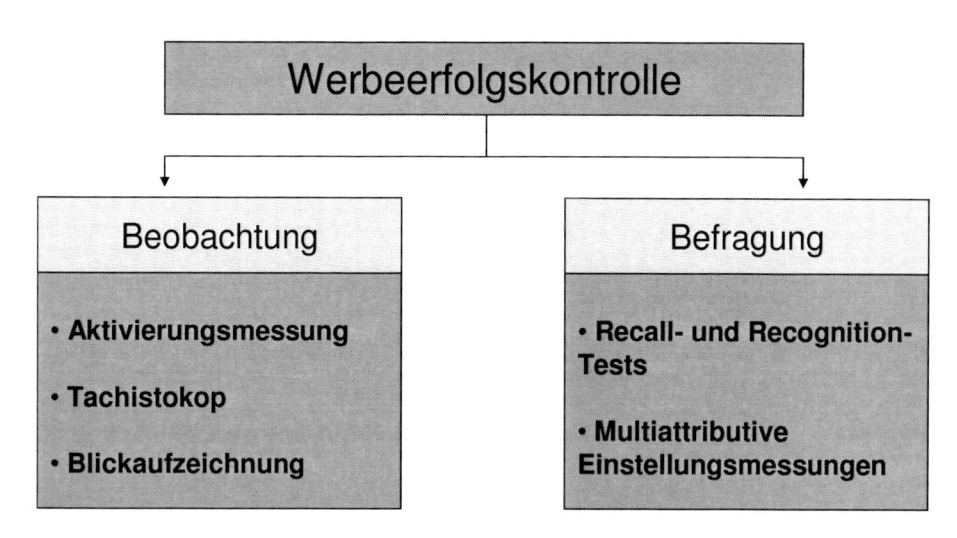

```
                    Werbeerfolgskontrolle
                    ┌──────────┴──────────┐
                    ▼                     ▼
              Beobachtung             Befragung

         • Aktivierungsmessung    • Recall- und Recognition-
                                    Tests
         • Tachistokop
                                  • Multiattributive
         • Blickaufzeichnung        Einstellungsmessungen
```

Abbildung 17: Methoden zur Messung des Werbeerfolgs[168]

Abbildung 17 zeigt gängige Methoden, die bei der Werbeerfolgskontrolle angewendet werden. Besonders häufig wird der Recall-Test in der Praxis benutzt. Der Recall-Test untersucht die Gedächtnisleistung eines Konsumenten. Er ermittelt, ob sich die Testperson an Werbeinhalte erinnern kann. Der Test kann ungestützt, also ohne die Vorgabe von Marken und Unternehmen, und gestützt ausgeführt werden.[169]

Für das werbende Unternehmen ist stets von Bedeutung, dass die Zielgruppe von einer auffälligen und fokussierten Werbung mit einer relevanten Botschaft adressiert wird. Die Werbung sollte einen starken Zielgruppenbezug besitzen sowie Neugierde erwecken. Werbeziele und Zielgruppe müssen kompatibel sein.[170] Als kritischer Erfolgsfaktor ist auch anzusehen, dass die Werbung stringent in das gesamte Kommunikationskonzept im Sinne einer integrierten Kommunikation passt.[171]

3.3 Gestaltung der Werbebotschaft

3.3.1 Rahmenbedingungen der Werbegestaltung in der Automobilbranche

Das Automobil-Marketing muss bei der Werbegestaltung verschiedene automobilspezifische Aspekte beachten. Die wichtigsten sind:

---

[168] Diez (2006), S. 450.
[169] Vgl. ebd., S. 450f. Schweiger; Schrattenecker (2005), S. 336.
[170] Vgl. Rogge (1996), S. 99f.
[171] Vgl. Diez (2006), S. 451.

- Produktinvolvement,
- Informationsüberlastung und
- Werbereaktanzen.[172]

Involvement ist nach Bruhn „die innere Beteiligung bzw. das Engagement, mit dem sich ein Individuum einem Objekt zuwendet"[173] und gilt in der Kommunikationswissenschaft als zentrales Steuerungsmittel für die Wahrnehmung eines Konsumenten. Der Grad des Involvements ist eine wichtige Größe in Hinblick auf den Werbeerfolg. Autos stellen ein klassisches High-Involvement-Produkt dar und somit obliegt der Automobilwerbung die Aufgabe, ein möglichst hohes Involvement bei der Zielgruppe zu erwecken.[174]

Ein weiterer Verhaltenstrend stellt die *Informationsüberlastung* dar. Diez geht von 95 Prozent Informationsüberlastung aus, Schweiger und Schrattenecker sogar von 98 Prozent.[175] Das bedeutet, dass nur fünf bzw. zwei Prozent der Werbeinformation von Konsumenten bewusst aufgenommen und verarbeitet werden. Die Zunahme an Marken und Modellen der Automobilwirtschaft verschärft diesen Trend. Für Kunden bedeutet dies eine zunehmende Unübersichtlichkeit des Automobilmarktes und für Automobilhersteller wird es zunehmend schwieriger, die Aufmerksamkeit von Kunden zu erlangen.[176]

Werbereaktanzen werden durch die Werbeintensität und -vielfalt, der die Konsumenten heutzutage begegnen, hervorgerufen. Dabei geht eine Zunahme von Werbeaktivitäten mit einer Zunahme der Reaktanz einher. Besonders Fernsehwerbung ist von Reaktanzgefühlen der Konsumenten betroffen. Allerdings ist die Reaktanz der Konsumenten bei hochqualitativen Fernsehspots geringer als bei qualitativ schlechter eingeschätzten Spots.[177]

Nach Diez wird sich das Automobil-Marketing noch auf zwei weitere Veränderungen einstellen müssen. Eine stärkere *Erlebnisorientierung* der Verbraucher sowie eine weitere *Abkehr von der Schriftkultur* stellen speziell Automobilwerbung vor neue Herausforderungen. Für die Automobilbranche bedeutet dies, dass mehr Bilder eingesetzt und dass diese

---

[172] Vgl. Diez (2006), S. 451ff.
[173] Bruhn (2005), S. 449.
[174] Vgl. Diez (2006), S. 451.
[175] Vgl. Schweiger und Schrattenecker (2005), S. 237. Kroeber-Riel (1990), S. 15.
[176] Vgl. Meffert (1998), S. 103. Diez (2006), S. 452.
[177] Vgl. ARD-Forschungsdienst (2000), http://www.media-perspektiven.de/uploads/tx_mppublications/06-2000_ARD_Fodi.PDF, S. 2f. [Stand: 22.07.2008]. Schweiger; Schrattenecker (2005), S. 235.

in ihrer Erlebnisqualität gesteigert werden müssen.[178] Von einem vollkommenen Verzicht von Schrift in der Werbung bleibt im Sinne der Produktvorteilsvermittlung abzuraten.[179]

3.3.2 Gestaltungsprinzipien von Automobil-Werbung

Im Folgenden werden die maßgeblichen gestalterischen Möglichkeiten von Automobilwerbung im Printmedienbereich erläutert. Prinzipiell ist davon auszugehen, dass Print-Werbung von Autoherstellern mehrere dieser Aspekte aufgreift. Nur sind die Schwerpunkte verschieden gewichtet.

1) Informative Werbung

Informative Kommunikationsgestaltung wird vor allem bei Produkten mit hohem Produktinvolvement eingesetzt. Grund dafür ist, dass auf Seiten der Konsumenten eine hohe Informationsbereitschaft besteht, um jegliche Kaufrisiken vermindern zu können. Produktvorteile sollten informativ und sachorientiert an die Zielperson adressiert werden.[180]

In der Automobilwerbung spielt die Produktdarstellung eine große Rolle. Die „Produktdominanz" ist auf den hohen Involvementgrad zurückzuführen und besitzt die Aufgabe, Präsenz herzustellen und den Kunden mittels Design anzusprechen. Technische Beschreibungen werden in Bezug auf Ausstattung, Fahrzeugtechnik und Umweltverträglichkeit gemacht. Angaben zu Verbrauch und Emissionswerten sind sogar gesetzlich vorgeschrieben. Die informative Produktdarstellung ist jedoch bei der hohen Anzahl von Autoanzeigen nicht mehr Schlüssel zum Erfolg allein, da eine Differenzierung über das Produkt heute nicht mehr ausreicht. Insofern spielen auch Informationen, die in Textform vermittelt werden, eine Rolle.[181]

2) Emotionale Werbung

Bei emotionaler Werbung werden emotionale Reize benutzt, um die Verarbeitung einer Werbebotschaft zu fördern. In der Automobilwerbung wird ein Produkt oder eine Marke mit einem emotionalisierenden Objekt verbunden. Die Werbemacher zielen darauf ab, dass die ausgelösten Gefühle dann von der Zielperson auf das Produkt oder die Marke übertragen werden.[182]

---

[178] Vgl. Diez (2006), S. 513.
[179] Vgl. 3.3.2.1).
[180] Vgl. Bruhn (2005), S. 218.
[181] Vgl. Diez (2006), S. 456f.
[182] Vgl. Diez (2006), S. 456f.

Emotionale Werbeappelle können von verschiedenen Stimuli ausgehen. Das Kindchenschema, Erotik, humoristische sowie angstauslösende Aspekte und auch Augenschemata sind die meist benutzten Gestaltungsmittel der Emotionalisierungstechniken.[183] Diez verdeutlicht, dass das Kindchenschema und erotische Reize die in der Automobilwerbung meist verwendeten Techniken sind. Allerdings sind erotische Darstellungen oftmals in ihrer Effizienz durch den so genannten „Vampir-Effekt" in der Werbung, ein Aufmerksamkeitsverlust herbeigeführt durch Ablenkungseffekte, dem Werbeerfolg abträglich. Bei Personendarstellungen in der Werbung ist es für das Automobil-Marketing von Bedeutung, dass sich die Zielgruppe mit den abgebildeten Personen identifiziert.[184] Auch das Design eines Autos kann als emotionaler Reiz dienen.

Letztlich stellen nach Kotler und Bliemel Emotionalisierungstechniken eine geeignete Möglichkeit dar, sich in der Werbung von der Konkurrenz zu differenzieren.[185]

3) Testimonialwerbung

Testimonials sind Personen, die das Produkt nutzen und gleichzeitig die Werbebotschaft überbringen. Sie können entweder bekannte Persönlichkeiten oder „Ottonormal-Verbraucher" sein, die eine Affinität zur Zielgruppe aufweisen. Ziel des Einsatzes von Werbefiguren ist, die Glaubwürdigkeit des Produktes zu erhöhen.[186]

In der Automobilindustrie werden zwar auch Personen als Testimonials eingesetzt, Diez ergänzt jedoch, dass besonders in der Autowerbung Urteile von Fachzeitschriften und überparteilicher Einrichtungen als Testimonial genutzt werden. So werden Tests und Preise, die das Modell oder die Marke errungen haben, in der Werbung kommuniziert. Diez weist darauf hin, dass hinsichtlich der Glaubwürdigkeit dieser Art von Testimonials die Gefahr eines inflationären Gebrauches aufgrund der Fülle und Gegensätzlichkeit von Auszeichnungen und Testergebnissen besteht.[187]

4) Bildwerbung

Bilder in der Werbung wie sie in Printanzeigen in den meisten Fällen zur Anwendung kommen, besitzen sowohl ein höheres Aktivierungspotential als auch ein höheres Informationsgehalt als Textinformationen und sind prädestiniert, emotionale Reize darzustellen.[188]

---

[183] Vgl. Schweiger; Schrattenecker (2005), S. 227.
[184] Vgl. Diez (2006), S. 456f.
[185] Vgl. Kotler; Bliemel (2001), S. 944.
[186] Vgl. Schweiger; Schrattenecker (2005), S. 245. Kotler; Bliemel (2001), S. 945.
[187] Vgl. Diez (2006), S. 459.
[188] Vgl. Meffert (1998), S. 740.

Die hohe Erfolgswirkung und der Vorteil, dass Bilder schneller aufgenommen und verarbeitet werden können sowie der Trend zur Emotionalisierung von Autowerbung lassen der Verwendung von Bildern einen immer höheren Stellenwert im Kommunikationsmix des Automobil-Marketing zukommen. So nutzt Bildwerbung zielgruppenspezifische Schemadarstellungen in Form von Aussehen und Verwendungszweck wie Familienauto und Sportwagen. Ein PKW wird dann werbetechnisch mit klischeehaften Attributen ausgestattet (Familienauto: mehrere Kinder, Urlaubsreise, viel Stauraum; Sportwagen: kurvenreiche Strecke, dynamische Fahrweise, Fahrspaß).[189]

3.3.3 Gestaltungsprinzipien von ökologischer Werbung

Ein ökologisches Werbekonzept sollte nach Hopfenbeck sachliche sowie informative Botschaften enthalten. Eine Herausforderung bestehe darin, dass die Kommunikation durch Umweltvorteile durch komplexe Zusammenhänge und Informationen erschwert werde. Eine verständliche Sprache ist hier anzuwenden, um fachfremde Konsumenten an das Thema heranzuführen. Da die Tendenz bestehe, dass Produkte sich immer ähnlicher werden, könnte der Zusatz „Umweltverträglichkeit" zu einer Differenzierung und zum ausschlaggebenden Verkaufsargument werden. Dabei kann mit Gesundheitsaspekten, Umweltschonung, finanziellen Vorzügen etc. argumentiert werden.[190]

Allerdings ist bei aktuellen Werbekonzepten auch ein Trend zu bildhafter und emotionaler Gestaltung zu erkennen. Der unmittelbare Produktnutzen spielt tendenziell eine untergeordnetere Rolle wie die emotionalen Merkmale einer Marke. Die zentrale Aufgabe der Werbebotschaften – unabhängig ob informativ oder emotional – besteht darin, Umweltvorteile und die Umweltkompetenz des Unternehmens, der Marke oder des Produktes hervorzuheben.[191]

Umweltbezogene Absatzwerbung integriert ökologisch-orientierte Argumente in die Werbebotschaft. Entweder zentrale oder komplementäre Umweltargumente finden hier Anwendung. Zentrale Umweltargumente stellen die Hauptaussage der Werbebotschaft dar. Komplementäre Argumente zählen zusätzliche Produkteigenschaften mit Umweltbezug auf. Die Hauptargumente der Werbebotschaft beziehen sich jedoch meistens auf

---

[189] Vgl. Diez (2006), S. 458.
[190] Vgl. Hopfenbeck (1994), S. 315.
[191] Vgl. Meffert (2005), S, 1216.

andere Produkteigenschaften als auf Umweltargumente, die eher als ergänzendes Argument genutzt werden.[192]

Ebenso kommt in ökologisch-geprägter Werbung emotionalisierende Bildwerbung sehr intensiv vor. Vor allem bei ökologisch-orientierter Autowerbung werden meist stark emotional aktivierende Bildaspekte in Verbindung mit Fließtext, der z.B. einen niedrigen Spritverbrauch und geringe Emissionswerte darlegt, verwendet. Testimonialwerbung ist in der Öko-Werbung von Automobilen tendenziell nicht zu beobachten.

Ökologisch-geprägte Werbung kann auf ein hohes Involvement vieler Zielgruppen zurückgreifen. Vor allem in den letzten Jahren hat sich eine umweltbejahende Haltung vieler Menschen in der deutschen Bevölkerung gebildet.[193] Die Kombination von Automobilwerbung mit naturschonenden Aspekten ist folglich in der Lage, die vorhandene Emotionalität der Konsumenten für den eigenen Werbeerfolg zu nutzen.

Allerdings existieren Umfrageergebnisse, die belegen, dass umweltfreundliche Werbung von der Mehrheit der Verbraucher nicht als glaubhaft angesehen wird. Als Grund dafür gilt, dass Werbung generell nicht als authentisch und ehrlich empfunden wird.[194]

---

[192] Vgl. Tischler (1996), S. 516.
[193] Vgl. Punkt 3.2.2.
[194] Vgl. Bell (2007), S. 26.

4 Analyse ausgewählter (Fall-)Beispiele

4.1 Erläuterung Vorgehensweise

In diesem Kapitel werden vier Printanzeigen verschiedener Automobilhersteller analysiert. Die Anzeigen befanden sich in den wöchentlich erscheinenden Publikumszeitschriften *Der Spiegel* und *Stern*. Sie wurden zwischen Januar und Juli 2008 geschaltet. Die Inserate stammen von weltweit agierenden Automobilunternehmen und beinhalten Werbung für Autos der Mittelklasse. Weitere Kriterien waren, dass die Anzeigen mindestens eine Seite in Anspruch nehmen und dass es erkennbar ist, ob ökologische Aspekte benutzt wurden oder nicht. Das Ziel der Analyse der Fallbeispiele soll darin liegen, die Anzeigen hinsichtlich ihrer Werbewirksamkeit zu untersuchen. Dabei sollen die im vorigen Kapitel werberelevanten Punkte betrachtet werden. In besonderem Hinblick wird die Werbebotschaft der Anzeigen untersucht. Die Verwendung von Bildern und Text, ökologischen Werbeaspekten, der Aktivierungsgrad, die Art der Werbung, der Bezug zur Zielgruppe etc. sollen betrachtet werden, um im Anschluss eine Bewertung vornehmen zu können.

Es wurden Anzeigen ausgewählt, die als einzelne Werbemaßnahme die Werbestrategie des jeweiligen Automobilherstellers verdeutlichen. Vor dem Hintergrund der Klimadiskussion und des in Teilen der Autoindustrie Einzug haltenden Öko-Trends wurden von dem Verfasser bewusst Anzeigen einer Werbekampagne ausgewählt, die entweder ökologische Aspekte aufgreifen oder diese – auch in anderen Werbeträgern – nicht behandeln. Im weiteren Verlauf der Untersuchung soll somit auch festgestellt werden, weshalb Automobilhersteller ökologische Aspekte in ihrer Werbung verwenden bzw. weshalb der Öko-Trend nicht in der Werbung behandelt wird. Der Verfasser ist sich bewusst, dass die Werbegestaltung von dem beworbenen Produkt abhängt und in diesem Zusammenhang von ökologisch-geprägten Aussagen nur Gebrauch gemacht wird, wenn das Produkt dies auch zulässt. Daher soll in diesem Kapitel geprüft werden, ob durch die jeweilige Werbebotschaft die Zielgruppe adäquat adressiert wird. Die weiterführende Frage ist somit auch, ob die Verwendung oder die Vernachlässigung ökologischer Aspekte eine sinnvolle Entscheidung der Autohersteller gewesen ist.

4.2 Werbeträger und deren Zielgruppen

Schalten große Automobilhersteller Anzeigenwerbung in Zeitschriften adressiert diese die Zielgruppe des jeweiligen Magazins. Aufgrund der Vielfältigkeit deutscher Zeitschriften variiert die Gestaltung von Anzeigen in Zeitschriften sehr stark. Die zwei Publikumszeitschriften, denen die in dieser Arbeit zu analysierenden Anzeigen entnommen wurden, sind sich in ihrer Positionierung zwar nicht identisch. Wird jedoch der gesamte deutsche Zeitschriftenmarkt betrachtet, ähneln sie sich stark. Um ein Verständnis der Zielgruppen der Anzeigenwerbung zu erlangen, soll im Folgenden das Medium näher beleuchtet werden.

4.2.1 Der Spiegel

Das Nachrichtenmagazin *Der Spiegel* wurde 1947 in Hamburg, wo bis heute die Zentrale der Publikumszeitschrift angesiedelt ist, gegründet. Die wöchentliche Auflage der Zeitschrift liegt beständig bei 1 Million Lesern und die Reichweite wird auf 6,03 Millionen Menschen in Deutschland beziffert. 39 und 30 Prozent der Spiegel-Leser werden als Meinungsführer und Innovatoren/Trendsetter eingestuft.[195] Zum Vergleich zur Gesamtbevölkerung sind dies gerade 27 bzw. 13 Prozent. 46 Prozent der Leserschaft haben Abitur und/oder einen Studienabschluss[196], wohingegen 23 Prozent der Bevölkerung dieses Kriterium erfüllen. Der Spiegel gilt als meistzitiertestes und auflagenstärkstes Magazin in Deutschland. Seine Rolle als Leitmedium ist unbestritten.[197] Laut einer unabhängigen Studie im Jahr 2004 besitzen 26,4 Prozent der Spiegel-Leser ein monatliches Nettoeinkommen über 2.500 €; 45 Prozent der Spiegel-Leser gehören einem Haushalt mit einem Nettoeinkommen von über 2.500 € an. Diese Werte liegen weit über Bundesdurchschnitt und die Zeitschrift erzielt auch im Vergleich zur direkten Konkurrenz die höchsten Werte.[198] Mehr als 55 Prozent sind jünger als 49 Jahre.[199]

Der Spiegel steht in direktem Wettbewerb mit dem 1993 gegründeten Nachrichtenmagazin Focus. Der Stern wird ebenfalls als dem Kreis der Konkurrenzmedien zugehörig betrach-

---

[195] Vgl. Der Spiegel (2008),
http://media.spiegel.de/internet/media.nsf/8388E4858E9375D7C12573FC003832A2/$file/SP_Faszination_Bros_02_08.pdf.pdf. S. 7ff. [Stand: 26.07.2008].
[196] Vgl. Der Spiegel (2008),
http://www.media.spiegel.de/internet/media.nsf/02F779C843F893DCC12571A300558320/$file/SPIEGEL_Kurzportrait_2008_Stand0708.pdf, S. 1. [Stand: 05.08.2008].
[197] Vgl. Der Spiegel (o.D.),
http://media.spiegel.de/internet/media.nsf/8388E4858E9375D7C12573FC003832A2/$file/SP_Faszination_Bros_02_08.pdf.pdf. S. 7ff. [Stand: 26.07.2008].
[198] Vgl. Keimer (2004),
http://www.spiegelgruppe.de/spiegelgruppe/home.nsf/PMWeb/CB685C3D1AF267E7C1256F9500417E2C [Stand: 26.07.2008].
[199] Vgl. Der Spiegel (2008),
http://www.media.spiegel.de/internet/media.nsf/02F779C843F893DCC12571A300558320/$file/SPIEGEL_Kurzportrait_2008_Stand0708.pdf, S. 2. [Stand: 05.08.2008].

tet. Im Jahr 2008 kosten farbige Anzeigen im Spiegel zwischen 109.780 € (zwei Seiten), 54.890 € (eine Seite) und 32.934 € (1/2 Seite) gekostet.[200]

4.2.2 Stern

Der *Stern* wurde 1948 gegründet und wird ebenfalls von Hamburg aus publiziert. Die Zeitschrift wird derzeit im 1-Millionen-Bereich verkauft, wobei eine leicht absteigende Tendenz in den letzten Jahren zu erkennen ist. Nichtsdestotrotz ist der Stern die Publikumszeitschrift mit der höchsten Reichweite in Deutschland: 7,47 Millionen.[201] Das Haushaltsnettoeinkommen der Stern-Leser ist nach einer Studie etwas geringer als das Einkommen der Spiegel-Leser.[202] Etwa 30 Prozent der Leser besitzen mindestens das Abitur[203] knapp 60 Prozent der Leserschaft sind unter 49 Jahren.[204] Es ist davon auszugehen, dass Stern-Leser überproportional im Vergleich zur deutschen Gesamtbevölkerung der Gruppe der Meinungsführer und Innovatoren zugeordnet werden können. Die unter Punkt 3.2.2 beleuchtete Zielgruppe der LOHAS sind intensive Leser[205] und stellen mit relativ hoher Wahrscheinlichkeit einen großen Teil der Stern- und Spiegel-Leser.

Eine einseitige farbliche Anzeige kostete durchschnittlich 52.817 € im Jahr 2008.[206] Gegenüber dem Spiegel hat der Stern weitaus mehr Anzeigen in einer Zeitschrift, was ein Grund dafür sein sollte, dass der Stern das umsatzstärkste Magazin in Deutschland ist.

Gesellschaftliche Leitmilieus lesen den Stern sowie den Spiegel besonders häufig, besitzen eine sehr stark ausgeprägte generelle Markenaffinität im Vergleich zu anderen Milieus und stellen gegenüber PKW-Dachmarken die affinste Gruppe dar.[207]

---

[200] Vgl. Der Spiegel (2008), http://www.media.spiegel.de/internet/media.nsf/02F779C843F893DCC12571A300558320/$file/SPIEGEL_Kurzportrait_2008_Stand0708.pdf, S. 1. [Stand: 05.08.2008].
[201] Vgl. o.V. (2008), http://www.ad-hoc-news.de/Marktberichte/de/18468172/ma+2008+II+stern+festigt+hohes+Reichweitenniveau [Stand: 26.07.2008].
[202] Vgl. Keimer (2004), http://www.spiegelgruppe.de/spiegelgruppe/home.nsf/PMWeb/CB685C3D1AF267E7C1256F9500417E2C [Stand: 26.07.2008].
[203] Vgl. Stern (2008), http://www.gujmedia.de/_content/20/03/200306/STERN_Profil_2008.pdf, S. 4. [Stand: 27.07.2008]
[204] Vgl. o.V. (2004), http://www.lombard-media.lu/pdf/DE/stern_glance_0605.pdf, S. 3. [Stand: 27.06.2008]
[205] Vgl. Zukunftsinstitut (2007), http://www.sonnenseite.com/index.php?pageID=17&article:oid=a7229&template=article_detail.html&flash=true [Stand: 27.07.2008].
[206] Vgl. Stern (2008), http://www.gujmedia.de/portfolio/zeitschriften/stern/?card=profil [Stand: 05.08.2008].

4.3 Analyse

Die Kriterien, nach denen die Anzeige analysiert werden wird, wurden nach eingehender Sichtung der Literatur mehrerer etablierter Werbefachleute herausgearbeitet. Des Weiteren dient Kapitel 3 in besonderem Maße als Grundlage.[208] In dem Fazit dieses Kapitels werden die Kriterien in einer Matrix zusammengefasst.

4.3.1 Beschreibung der Anzeige des Toyota Prius

Die Anzeige des Toyota Prius ist ein einseitiges Inserat in der Zeitschrift Der Spiegel, Ausgabe 6 Seite 15, erschienen am 02.02.2008. Die Anzeige befindet sich auf der rechten Seite; auf der linken Seite ist ein redaktioneller Teil. Die Anzeige selbst gliedert sich in zwei Teile. Der größere obere Abschnitt ist in vier Bilder, die mit Schlagworten versehen sind, aufgeteilt. Auf den vier Bildern sind ein nahezu wolkenloser Himmel, eine mit der Farbe orange verfremdete Ölmasse, ein verzerrtes Stadtbild und ein wellenfreier See, der die am See wachsenden Bäume widerspiegelt, zu sehen. Die jeweiligen Leitworte sind „Reinere Luft", „Niedriger Verbrauch", „Beschleunigung" und „Ruhe". Der untere Teil bildet das beworbene Auto ab und besitzt einen achtzeiligen Fließtext mit dem Titel „Was ist Ihnen wichtig?". Dieser Textabschnitt greift die Themen der vier Bilder auf und unterlegt sie argumentativ. Direkt unter dem Fließtext steht der Name der im Prius eingesetzten Technologie in Verbindung mit dessen Logo und Slogan „Hybrid Synergy Drive. Die Zukunft atmet auf". Weitere Bildelemente sind das Unternehmenslogo zusammen mit dem Unternehmensslogan Toyotas und gesetzlich vorgegebene Angaben über Verbrauch und CO_2-Ausstoß am unteren Rand sowie eine Angabe über die Internetseite der Prius-Hybridtechnologie oberhalb der Bildwerbung.

---

[207] Vgl. o.V. (2003), http://www.lombard-media.lu/pdf/DE/stern_Leitmilieus_0605.pdf, S. 15ff. [Stand: 27.07.2008]. Stern (2008),
http://www.gujmedia.de/_content/20/03/200306/STERN_Profil_2008.pdf, S. 2. [Stand: 05.08.2008].
[208] Vgl. Kapitel 3.3, Vgl. hierzu Schweiger; Schrattenecker (2005). Vgl. Rogge (1996). Vgl. Bruhn (2005). Vgl. Kloss (2003).

hybridsynergydrive.com

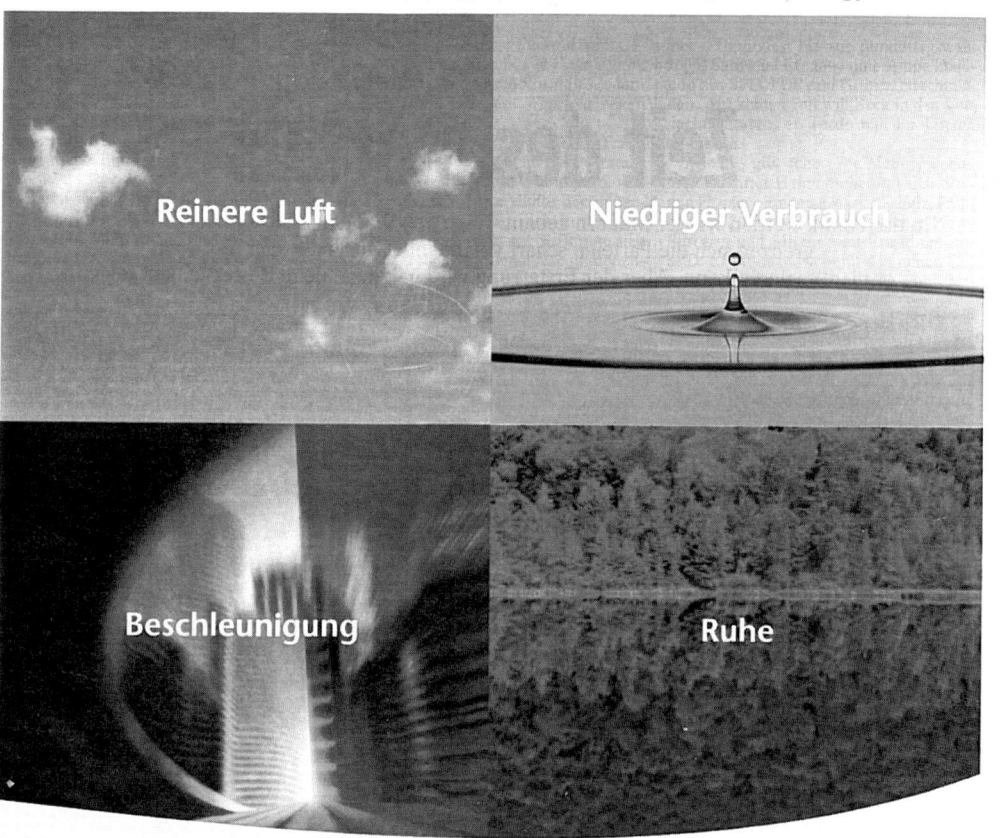

Reinere Luft

Niedriger Verbrauch

Beschleunigung

Ruhe

Was ist Ihnen wichtig?

All das bietet die Hybrid-Synergy-Drive-Technologie. Die intelligente Kombination von Benzin- und Elektromotor sorgt für: Reinere Luft: Im Toyota Prius reduziert sie die CO_2-Emission um bis zu eine Tonne pro Jahr*. Niedrigen Verbrauch: Auf einer Strecke von 100 km verbraucht der Toyota Prius nur 4,3 l**. Beschleunigung: Der sparsame 1,5-Liter-Motor hat in Verbindung mit dem leistungsstarken Elektromotor so viel Beschleunigungsleistung wie ein gängiger 2,0-Liter-Motor. Ruhe: Im Elektromodus ist eine nahezu geräuschlose Fahrt möglich.

Hybrid Synergy Drive. Die Zukunft atmet auf.

HYBRID SYNERGY DRIVE

Nichts ist unmöglich. **TOYOTA**

Alle angegebenen Werte beziehen sich auf den Toyota Prius mit Hybrid-Synergy-Drive-Technologie. Abb. zeigt Prius Sol. *Im Vergleich zum durchschnittlichen CO_2-Ausstoß eines Dieselfahrzeugs der Mittelklasse bei 20.000 km Laufleistung pro Jahr. **Kraftstoffverbrauch Prius kombiniert 4,3 l/100 km (innerorts 5,0 l/außerorts 4,2 l) bei CO_2-Emissionen von 104 g/km im kombinierten Testzyklus nach RL 80/1268/EWG.

4.3.2 Analyse der Anzeige des Toyota Prius

Mittels der Verwendung von textlichen und bildhaften Werbeaspekten in der vorliegenden Werbung des Toyota Prius wird versucht, eine sowohl physische als auch kognitive Aktivierung des Konsumenten zu erreichen.[209] Die einzelnen Bilder verdeutlichen die gewählten Schlagworte, die die vorhandenen Wünsche sowie Gefühle der Verbraucher ansprechen respektive diese erwecken sollen. Diese Leitworte stellen gleichzeitig die Hauptargumente für den Kauf des Prius dar. Im oberen Teil wird verstärkt darauf hingearbeitet, eine naturverbundene und dennoch leistungsbezogene atmosphärische Wirkung anhand von Bildwerbung, die sich schematischer klischeehafter Darstellungen bedient, zu erzielen. Diese Wirkung soll durch Naturszenarien (Wald und See, Himmel) sowie Verfremdungstechniken (orangen-farbiges Öl, ein durch Beschleunigung verzerrtes Stadtbild) erreicht werden. Die emotionale Tonality besteht einerseits aus positiven Gefühlen, die beim Verbraucher durch Fahrspaß und lautloses Fahren ausgelöst werden. Andererseits wird aber auch an das moralische Befinden der Kunden appelliert, die mit einem Kauf des Prius einen aktiven Beitrag zum Umweltschutz leisten können. Die emotionale Tonality der Werbung ist folglich stark ausgeprägt.[210] Ökologisch-bewusste Zielgruppen bspw. die Zielgruppe der LOHAS und die 18 Prozent der Spiegelleser, die mit der Partei Bündnis 90/Die Grünen sympathisieren, werden somit sehr adäquat adressiert.

Der Consumer Benefit des Prius, der in einem umweltschonenden, verbrauchsarmen und trotzdem leistungsstarken Auto liegt, ist mit dem vermittelten Markenimage deckungsgleich. Text und Bilder mit Schlagwort liefern den Reason Why.[211]

Die hervorhebenswerten Produkteigenschaften werden mittels informativen Elementen sichergestellt. Die Überschrift des Textes ist als rhetorische Frage formuliert und impliziert, dass Kunden die verwendeten Schlagwörter als Attribute ihres Autos wünschen. Dementsprechend beinhaltet der informative Werbepart technische Angaben über die Hybrid-Technologie, aufgrund dieser eine „reinere Luft" durch Emissionsreduzierung und ein geringerer Benzinverbrauch möglich ist. Dazu werden bildhafte Sprachelemente gewählt (Reduktion der „CO_2-Emissionen um bis zu eine Tonne pro Jahr"). Für den Punkt „Beschleunigung" wird ein Vergleich benutzt, um die Leistung des Elektromotors herauszustellen und mögliche Zweifel, die durch den kleinen Motor entstehen, auszuräumen.

---

[209] Vgl. Punkt 3.2.3.3).
[210] Vgl. Punkt 3.2.3.1).
[211] Vgl. Punkt 3.2.3.1).

Der Slogan des Prius soll dem Konsumenten aufzeigen, dass Toyota bewusst die Hybrid-Technologie des Autos hervorhebt und somit einen Beitrag zu einer nachhaltigen Zukunft schafft. „Die Zukunft atmet auf." stellt ein rhetorisches Mittel dar, das einmal Ängste bezüglich der klimatischen Entwicklungen auf der Erde aufgreift, aber auch Hoffnung im Sinne des naturverbundenen Verbs „aufatmen" ausdrückt. Der Slogan regt zum Nachdenken an und stimuliert durch die hervorgerufene kognitive Aktivierung die Informationsverarbeitung. Die ausführliche Angabe der Verbrauchswerte deutet darauf hin, dass Toyota an dieser Stelle die hohe Informationsbereitschaft der Konsumenten aufgrund der neuen Technologie und des klassischen High Involvement-Produktes Auto befriedigen will.[212] Diesen Rückschluss lässt auch der Umstand zu, dass Toyota hinsichtlich der Hybrid-Technologie eine eigene Internetseite installiert hat. Auf Testimonials werden in dieser Anzeige trotz der Tatsache, dass der Prius mehrere Preise und Auszeichnungen für seine Hybrid-Technologie bekam, verzichtet.

Toyota bedient sich einer Imagewerbung, die den Persönlichkeitswert des Produktes und der Marke verbessern soll. Das Ziel, den Bekanntheitsgrad des Modells zu steigern, liegt aufgrund der längeren Marktzugehörigkeit des Prius nicht vor.[213] Mit der Marke soll ein ökologisch-orientiertes aber immer noch leistungsstarkes Image assoziiert werden. Da der Unternehmensslogan dieses Image nicht unbedingt transportiert, wurde für Toyota-Autos mit Hybridtechnik ein eigener Werbespruch entwickelt. Die Produktimagewerbung bezieht sich auf die neuartige Technologie, deren Umweltfreundlichkeit und der dadurch resultierende niedrige Verbrauch. Die Kommunikation dieser Eigenschaften soll dem Toyota Prius zu einer USP verhelfen.

Aufgrund der Tatsache, dass Anzeigen eine höhere Gedächtnis- und Aufmerksamkeitswirkung erreichen, wenn sie weiter oben und rechts angeordnet sind, ist die Platzierung der Prius-Anzeige gut gewählt. Das Involvement der Konsumenten wird durch die vier Bilder erhöht und steigert die Aufmerksamkeit sowie das Interesse für die Anzeige dahingehend, dass schließlich auch der Fließtext der rechts unten angeordnet ist, gelesen wird.

Eine physische Aktivierung durch Farbe, Form und Größe ist geringer ausgeprägt. Einzig die runde Form an der unteren Seite des Bilderquartetts ist bezüglich einer physischen Aktivierung hervorzuheben. Die physische Wirkung der Farbelemente in der Anzeige ist eher gering und für die Werbeanalyse zu vernachlässigen.

---

[212] Vgl. Punkt 3.3.1.
[213] Vgl. Punkt 3.2.3.2).

Die verfremdeten Elemente des Stadtbildes und des Öls, die normalerweise nicht mit Natur in Verbindung gebracht werden und sich für viele Zielpersonen entgegengesetzt zu Naturaspekten verhalten, stellen in dieser Anzeige keine gestalterischen Fehler dar, da die Verfremdung widersprüchlichen emotionalen Eindrücken vorbeugt.

Ob sich die Anzeige auf der rechten oder linken Seite bzw. dem hinteren oder vorderen Teil einer Zeitschrift befinden, lässt mehreren Studien zufolge keine Rückschlüsse auf den Werbeerfolg zu. Vielmehr ist es erheblich, dass sich wie bei der einseitigen Anzeige des Toyota Prius ein redaktioneller Text auf der anderen Seite befindet. Die Wirkung dieser Anzeigen ist signifikant höher.[214]

Als Kritikpunkt kann angeführt werden, dass in der Anzeige das Toyota-Logo, das Fahrzeug sowie das Hybrid-Logo des Prius nur sehr klein und leicht übersehbar platziert sind. Dem entgegengesetzt wird eine dominante Positionierung des Logos in der Literatur empfohlen.[215] Dem gegenüber kann angeführt werden, dass die Anzeige durch Hinzunahme eines groß abgebildeten Logos Gefahr läuft, überladen zu werden und auch, dass das Design des Prius weniger im Vordergrund als die beworbene Umweltfreundlichkeit steht.

4.3.3 Beschreibung der Anzeige des Audi A3

Die Anzeige des Audi A3 ist auf zwei Seiten in der Mitte der Zeitschrift Der Spiegel, Ausgabe 31 Seite 78 und 79, erschienen am 27.07.2008, platziert. Den Mittelpunkt des Bildes stellt ein sportlich anmutender dreitüriger Audi A3 dar, dessen Seitenansicht die rechte Hälfte der Doppelseite einnimmt. Als Hintergrund dient eine große leerstehende, schwachbeleuchtete Halle, die mit Reifenspuren bedeckt ist. Die eingesetzten Farben sind schwarz und weiß für die Halle, weiß für die Schrift, Silber für das Auto und rot für Rückleuchten und Logo.

Auf der Mitte der linken Seite befindet sich der Werbespruch „Extrem gut vorbereitet." Weiter unten in gleicher Schriftgröße steht „Der neue Audi mit hocheffizienter Common-Rail-Technologie." geschrieben. Darunter folgen ein vierzeiliger informativer Text zu technischen Details des PKW und die obligatorische Angabe von Verbrauch und Emission. Audi-Slogan und Website werden an der oberen rechten Seite angegeben.

---

[214] Vgl. Schweiger; Schrattenecker (2005), S. 241f.
[215] Vgl. Schweiger; Schrattenecker (2005), S. 243.

Extrem gut vorbereitet.

Der neue Audi A3 mit hocheffizienter Common-Rail-Dieseltechnologie.

Durchtrainiert und fahrdynamisch wie noch nie zeigt Ihnen der neue Audi A3 seine Klasse. Zwei neue Motoren mit der modernen Common-Rail-Technologie sorgen für mehr Agilität bei hoher Laufruhe und für hervorragende Leistung bei geringem Verbrauch. Fahreigenschaften, wie man sie ebenso von unseren durchzugsstarken TFSI®-Motoren gewohnt ist. Der neue Audi A3 ist bereit. Sind Sie es auch? Mehr Informationen bei Ihrem Audi Partner.

Kraftstoffverbrauch in l/100 km: kombiniert 4,5–9,4. CO_2-Emission in g/km: kombiniert 119–224.

Vorsprung durch Technik www.audi.de

4.3.4 Analyse der Anzeige des Audi A3

Die Audi A3-Werbung bedient sich ebenfalls informativer und emotionaler Elemente, die zumeist durch Bildwerbung dargestellt werden. Emotionale Tonality überwiegt bei diesem Anzeigenobjekt. Allein schon die Größe der Anzeige sowie die Herausstellung des Fahrzeuges als *eyecatcher* stützen diese These. Die Anzeigenwerbung vermittelt den Konsumenten Erlebnisqualitäten in Form von Prestige, Eleganz und Fahrdynamik. Die Anzeige lässt durch die Nutzung der Farben schwarz, weiß und silber sowie der weitläufigen nebeligen Halle eine kühle und vornehme Atmosphäre entstehen. Das Auto selbst hilft ebenso, dieses Klima aufgrund seiner silbernen Farbe, seiner leicht schrägen Positionierung im offenen Raum und seiner sportlichen Leichtmetallfelgen zu transportieren. Zudem wird durch die Reifenspuren auf der Fahrbahn die Sportlichkeit des Autos hervorgehoben. An dieser Stelle werden Klischees einer sportlichen Fahrweise bedient, die gleichzeitig auch Fahrspaß und Leistungskraft des Autos ausdrücken sollen. Diese Faktoren und die kommunizierte Tatsache, dass die neueste Technik eingesetzt wird, stellen den Consumer Benefit dar. Der Reason Why wird hauptsächlich durch die Bildelemente, aber auch durch den Fließtext verdeutlicht. Die Anzeige soll eine technikaffine Zielgruppe, die Wert auf Status und Sportlichkeit legt, ansprechen.

Der in der Mitte der linken Bildhälfte angebrachte Spruch „Extrem gut vorbereitet" sowie der weiter unten lesbare Satz „Der neue Audi A3 mit hocheffizienter Common-Rail-Dieseltechnologie" arbeiten beide mit Adjektiven, die eine Fahrzeugleistung und -qualität der Superlative implizieren. Die Common-Rail-Dieseltechnologie und auch die Andeutung, dass Audi „Extrem gut vorbereitet." ist, unterstützen argumentativ Audis Unternehmensmotto „Vorsprung durch Technik". Ein *fit* zwischen den einzelnen Werbeaussagen und dem Unternehmensleitgedanken ist somit gegeben.[216]

Die informative Tonality wird für den Betrachter aus dem Fließtext ersichtlich. Das beworbene Produkt ist zwar schon seit längerer Zeit auf dem deutschen Markt erhältlich. Nach Aussage der Anzeige soll jedoch das neue Audi A3-Modell mit Dieseltechnologie beworben werden. Um nähere Informationen darüber zu erhalten, muss der Betrachter sich den Text auf der linken unteren Seite durchlesen. Dieser hebt die Produkteigenschaften des Fahrzeugs, „durchtrainiert" und „fahrdynamisch", die auch durch die Bildwerbung präsentiert werden, hervor. Des Weiteren werden die Fahreigenschaften des neuen Modells gelobt. Eine rhetorische Frage, die sich auch auf den Spruch „Extrem gut vorbereitet"

---

[216] Vgl. Punkt 3.2.3.2).

bezieht, stimuliert die kognitive Aktivierung. Obwohl eine „hocheffiziente" Dieseltechnologie auf einen geringeren Benzinbedarf hinweist, wird eher beiläufig erwähnt, dass das Auto durch die neue Technologie einen geringeren Verbrauch erzielt. Ob an dieser Stelle ökologische Argumente bedient werden sollen, ist schwer zu klären. Die Aussage kann sich auch auf finanzielle Aspekte im Sinne des Life Cycle Costing beziehen.[217] Ein niedrigerer Verbrauch führt wie zuvor erläutert zu geringeren Unterhaltungskosten. An dieser Stelle wird erkennbar, welche Strategie ein deutsches Unternehmen wie Audi verfolgt, um mit der Benzinverteuerung umzugehen. Wie in Punkt 2.4.2 erläutert, werden keine neuen Antriebstechnologien eingeführt, stattdessen wird versucht, die konventionelle Dieseltechnologie verbrauchsärmer zu machen.

Für Verwirrung dürften die Verbrauchs- und CO_2-Ausstoß-Daten bei den Konsumenten sorgen. Diese werden mit 4,5 bis 9,4 Litern und 119 bis 224 g/km in einer extrem großen Spannweite, was für diese Angabenwerte sehr ungewöhnlich ist, angegeben. Der kritische Betrachter wird anmerken, dass an dieser Stelle die Kommunikationspolitik des Unternehmens Audi nicht aussagekräftig und im schlechtesten Fall bewusst irreführend erscheint. Ob durch die große Differenz der Werte und des damit verbundenen fehlenden Aussagewertes über Verbrauch und Ausstoß Verbraucherinteressen verletzt werden, soll nicht weiter erörtert werden.

Die emotionale Aktivierung wird durch das elegante Design und die Atmosphäre der farblosen Hallengestaltung erreicht. Die rote Farbe der beleuchteten Rückleuchten sowie der rote Audi-Schriftzug und die rot gefärbte Internetadresse besitzen Signalwirkung und aktivieren physisch.

Mit dieser Anzeige übt Audi Produktbekanntheits- sowie Imagewerbung bezüglich Marke und Produkt. Auf der einen Seite sollen die Konsumenten über das neue A3-Modell mit verbesserten Technologien informiert werden. Auf der anderen Seite wird das Image des Audi A3 und der Marke Audi durch die leistungs- und technikorientierte Werbeaussage gestärkt. Eine ökologische Aussage ist nur am Rande vorhanden und würde derzeit auch nicht der Positionierung der Marke Audi entsprechen.

An Kritikpunkten, die der Autor dieser Hausarbeit herausgearbeitet hat, mangelt es dieser Anzeige nicht. Das Inserat nimmt zwei Seiten einer der attraktivsten Werbeplatzierungen, in der Mitte der Zeitschriften, ein. Dieser Umstand lässt die Werbung mindestens 100.000

---

[217] Vgl. Life Cycle Costing unter Punkt 2.4.3.

€ kosten. Dafür wird jedoch ein älteres Automodell beworben, das zwar durch neue Technologie im Sinne einer Produkterweiterung nach Ansoff modifiziert worden ist. Jedoch stellt sich die Frage, ob das erweiterte A3-Modell Absatzzahlen erreichen kann, die diesen hohen Werbeaufwand rechtfertigen. Des Weiteren besitzt der Werbespruch „Extrem gut vorbereitet." für den Leser, der nicht den Fließtext liest, keinen Aussagewert. Hier wird tendenziell eher bloße Verwirrung als ein gedanklicher Konflikt, der eine kognitive Aktivierung auslösen könnte, hervorgerufen. Die wenigen Farben sind zwar dahingehend förderlich, eine bestimmte Stimmung und Atmosphäre zu vermitteln, Rogge zeigt jedoch auf, dass je mehr Farben in Anzeigen verwendet werden, die Erinnerungsleistung steigt.[218] Außerdem wird im weiteren Analyseverlauf gezeigt, dass sich die Audi-Werbung vergleichbarer Werbeelemente wie eine Anzeige von Mercedes-Benz bedient. Einzigartigkeit und Originalität der Anzeige gehen somit verloren. Eine ausreichende Abgrenzung zur Konkurrenz findet folglich nicht statt.

4.3.5 Beschreibung der Anzeige des Mercedes-Benz CLC Sportcoupé

Zu Beginn der Stern-Ausgabe Nr. 28 vom 3.7.2008, zwischen Editorial und Inhaltsverzeichnis, präsentiert sich die Mercedes-Benz-Anzeige auf den Seiten 4 und 5 dem Betrachter. Ein mit dem Heck zum Leser stehender Wagen, der sich schräg versetzt im Raum befindet, nimmt fast die gesamte Anzeigenbreite ein. Die Lichtverhältnisse der Anzeige sind nicht gleich bleibend. So ist die rechte Seite noch schwarz, wohingegen das Licht Richtung linker Seite immer heller und schließlich sehr hell wird. Der PKW stellt das neue CLC Sportcoupé des Stuttgarter Automobilunternehmens dar.

Auf der linken oberen Seite stehen der Werbespruch „Meistens werden Träume von der Realität eingeholt. Hier ist es umgekehrt." und der Name des PKW mit dazugehöriger Internetseite. Mercedes-Benz-Schriftzug und -Logo in weißer Farbe sind oben rechts und unten rechts angebracht. Verbrauchswerte und Emissionsangaben fehlen.

Die verwendeten Farben dieser Anzeige sind schwarz sowie weiß für Auto, Hintergrund und Schrift, silber für einzelne Autoteile wie Felgen und rot für die unbeleuchteten Rücklichter des Sportcoupés.

---

[218] Vgl. Rogge (1996), S. 289.

Meistens werden Träume von der Realität eingeholt.
Hier ist es umgekehrt.

Das neue CLC Sportcoupé. www.mercedes-benz.de/clc

Mercedes-Benz

4.3.6 Analyse der Anzeige des Mercedes-Benz CLC Sportcoupé

In dieser Mercedes-Benz-Werbung werden fast ausschließlich Bildelemente benutzt, um eine emotionale Tonality herzustellen. Auf eine informative Tonality wird gänzlich verzichtet. Dies ist wohl auch darauf zurückzuführen, dass gerade bei dem High Involvement-Produkt Auto die Marke Mercedes-Benz ein besonderes und exklusives Image besitzt. Die Erlebnisqualitäten, die die emotionale Tonality bestimmen, sind – ähnlich zu der Audi-Werbung – Prestige, Eleganz und Sportlichkeit. Diese Eindrücke werden durch das elegant und sportlich anmutende Auto, das den Bildmittelpunkt darstellt, sowie durch den Schrifttyp vermittelt. Der Effekt, dass der Blick des Betrachters von rechts nach links, also vom dunkleren Teil der Werbung ins helle Licht, wandert, verstärkt die emotionale Aktivierung. Eine physische Aktivierung wird durch das metallic-schwarze Auto und die Bildatmosphäre erzeugt. Die Atmosphäre der Anzeige ist durch die spärlich verwendeten Farben und dem Übergang von schwarz nach weiß elegant mit einer geheimnisvollen Note. Die roten Rückleuchten setzen ebenso einen physischen Akzent und tragen zur Aktivierung bei.

Dass die Marke Mercedes-Benz sehr von ihrem Mythos, ihrer Verwurzelung in der deutschen Gesellschaft und ihrem Image lebt, wird erkennbar, wenn versucht wird, den Consumer Benefit und den Reason Why der Anzeige zu ermitteln. Für diese zwei Punkte werden im Gegensatz zu den vorher analysierten Inseraten keine Statements genutzt, sondern es obliegt dem Betrachter, sich den Kundennutzen und dessen Gründe zu denken. Die Mercedes-Benz-Werbemacher unterstützen dies nur mit der Aktivierung bestimmter emotionaler Eindrücke wie Design, Sportlichkeit und Leidenschaft.

Der Werbespruch weckt in dem Leser einen gedanklichen Konflikt, der die Informationsaufnahme stimuliert. Die Werbemacher von Mercedes-Benz verwenden hier ein Paradoxon, ein rhetorisches Mittel, das einen scheinbaren Widerspruch beinhaltet. Sie implizieren mit dem Slogan, dass das Sportcoupé Träume verwirklicht.

In erster Linie betreibt Mercedes-Benz Produktbekanntheitswerbung, da ein neues Modell vorgestellt wird. Aber auch Marken- und Produktimage werden vermittelt.

Seltsamerweise werden keine Daten zu Benzinverbrauch und CO_2-Emissionen geliefert, obwohl die gesetzliche Verpflichtung dazu existiert.[219] Ob eine Gesetzeswidrigkeit vorliegt oder ob Daimler eine Gesetzeslücke ausnutzt, kann in diesem Rahmen nicht geklärt werden. Aufgrund der Tatsache, dass die Anzeige keinerlei ökologische Aspekte besitzt, ist davon auszugehen, dass eine technisch-orientierte Zielgruppe, die eine Begeisterung für Autos und insbesondere für die Marke Mercedes-Benz aufbringt, andressiert wird.

Kritik kann an der Ähnlichkeit bezüglich Farbwahl, Botschaft und Atmosphäre zur Audi-Werbung festgemacht werden. Diese Tatsache ist der Originalität und Einzigartigkeit des Inserates, zwei relevante Werbeaspekte, abträglich. Das Argument, die zwei ähnlichen Anzeigen würden in verschiedenen Werbeträgern vorkommen, ist nicht gültig. Die Mercedes-Benz-Werbung ist so zum Beispiel auch in der 29. Spiegelausgabe vom 14.07.2008 zu sehen.

Auch bei der Mercedes-Benz-Anzeige werden wenige Farben verwendet. Einerseits werden so zwar eine bestimmte Stimmung und Tonalität erzeugt, andererseits gilt jedoch die zuvor erläuterte Regel von Rogge zum Wechselspiel von Farbe und Werbewirksamkeit. Zudem sind Logo und Marke sehr klein dargestellt, was jedoch auch dem Trend von automobiler Printwerbung entspricht. Der Leser, der hinter die Erlebniswelten der Anzeige schauen möchte, wird enttäuscht und bekommt keine Produkteigenschaften, sondern nur eine Internetseite für weitere Informationen geliefert.

4.3.7 Beschreibung der Anzeige des Honda FCX Clarity

Die zu analysierende Anzeige ist auf einer Doppelseite der Stern-Ausgabe vom 3.7.2008, Nr. 28 Seite 24 und 25, platziert. Eine Ölbohrinsel, die von Pflanzen überwuchert wird, ist auf den zwei Seiten abgebildet, wobei sich die Ölbohrinsel zu 90 Prozent auf der rechten Seite befindet. Darüber fliegen Möwen. Das Meer ist ruhig und der Himmel ist sonnig sowie wolkenlos.

Auf der oberen rechten Seite ist der Honda-Schriftzug mit Hondas Unternehmensslogan „The Power of Dreams" zu lesen. Auf der rechten unteren Seite wird das beworbene Auto im kleineren Format abgebildet; daneben erscheint ein kurzer dreizeiliger Fließtext bezüglich der Eigenschaften des Autos. Das Honda-Logo ist auf der linken Seite unten zu sehen.

---

[219] Vgl. 1ARatgeberrecht (2006), http://www.openpr.de/news/103453/1ARATGEBERRECHT-informiert-Pkw-Werbung-Angaben-zu-Verbrauch-und-Emissionen-erforderlich.html [Stand: 31..07.2008].

HONDA
The Power of Dreams

Ein Gewinn für die Natur: Der Honda FCX Clarity mit Brennstoffzellen-Technologie fährt ausschließlich mit Wasserstoff. Weil Verantwortung der stärkste Antrieb ist. www.honda-innovation.de

4.3.8 Analyse der Anzeige des Honda FCX Clarity

Die Honda-Anzeige arbeitet sehr stark mit Bildelementen, die im Grunde nur eine emotionale Tonality vermitteln sollen. Die emotionale Tonality appelliert an die Moral der Leser, vermittelt aber auch durch die Botschaft, nicht mehr auf Öl angewiesen zu sein und sich dementsprechend der finanziellen und psychischen Belastung durch hohe Benzinpreise entziehen zu können, positive Gefühle. Eine Informative Tonality wird auch durch den Fließtext eher weniger bedient. Vielmehr dreht sich die Gesamtaussage der Anzeige darum, dass Honda das Ende des Ölzeitalters mit einem innovativen Auto, das mit Wasserstoff betrieben wird, einläutet.

Die Ölplattform ist verfremdet, indem sie vergrünt und offensichtlich außer Betrieb ist. Eine mit Pflanzen überwucherte Ölbohrinsel ist dem Betrachter nicht geläufig und widerspricht den Erfahrungen der Konsumenten; ist die Ölplattform doch zu einem Inbegriff naturschädlicher Folgen geworden. Dieser gedankliche Konflikt regt somit eine kognitive Aktivierung an und die Bildgestaltung verhindert eine Austauschbarkeit der Werbung. Überdies kann die Schemaabweichung auch zu einer längeren und intensiveren Bildbetrachtung anregen. Eine physische Aktivierung wird durch die Größe des Bildobjektes und die Verwendung der Farbe grün, die für Lebenskraft und Natur steht, hervorgerufen.[220] Die emotionale Reizkategorie der unbeschadeten unangetasteten Natur wird durch die begrünte Ölförderanlage angesprochen. Die durch das Meer, die Möwen und die Pflanzen vermittelte naturfreundliche Atmosphäre verstärkt diese Wirkung.

Der Fließtext greift die umweltschonende Botschaft noch mal auf („Ein Gewinn für die Natur: Der Honda FCX Clarity mit Brennstoffzellentechnologie fährt ausschließlich mit Wasserstoff."). Der Slogan der Honda-Innovationsinitiative („Weil Verantwortung der schnellste Antrieb ist.") kombiniert das Thema Nachhaltigkeit mit dem Thema Automobil und leitet den Verweis auf die Website, auf der das neue Honda-Modell vorgestellt wird, ein. Dass das Design des Autos im Vergleich zur A3- und CLC-Werbung eine untergeordnete Rolle spielt, wird dadurch ersichtlich, dass die Ölplattform den Bezugspunkt bildet und das Auto nur sehr klein unten rechts abgebildet ist.

Die Marketingverantwortlichen von Honda verfolgen mit dieser Anzeige hauptsächlich eine Markenimage- und Unternehmensimagewerbung. Eine Bekanntheitswerbung für das neue Modell liegt zwar auch vor. Doch besteht die Besonderheit des Honda FCX Clarity darin,

---

[220] Vgl. Rogge (1996), S. 202.

dass er in absehbarer Zeit nicht auf dem deutschen Markt erscheinen wird, sondern nur in Kalifornien und Japan, wo eine Infrastruktur für Wasserstofftankstellen vorhanden ist.[221] Eine optische Produktpräsenz ist also in der Anzeige nicht von Nöten.

Honda ist der erste Automobilhersteller, der ein Wasserstoff betriebenes Auto serienmäßig herstellt. Somit ist Honda in der Lage, sich ausreichend vom Wettbewerb zu differenzieren und kann an seinem Image als „grüner" innovativer Automobilhersteller feilen. Eine USP soll mit diesem Image aufgebaut werden. Eine Unternehmensimagewerbung liegt insofern vor, da auch Analysten und weitere Interessengruppen die umweltfreundlichen Bestrebungen von Honda begrüßen dürften.

Eine Vermittlung des Consumer Benefit und des Reason Why in Hinblick auf das Produkt liegen folglich nicht vor, da mit dieser Werbung in erster Linie die Marke gestärkt werden soll und das Modell nicht auf dem deutschen Markt erscheint. In Anbetracht dessen werden auch keine technischen oder preislichen Details zu dem Modell in der Anzeige geliefert. Auch die angegebene Website dient eher zur Vermittlung einer bestimmten Markenidentität, als dass sie Details zu dem Wagen bietet.

Verbrauchs- und Emissionsangaben werden nicht gegeben. Dies ist wahrscheinlich auf den Umstand zurückzuführen, dass Autos mit Brennstoffzellen-Technologie kein Kohlenstoffdioxid ausstoßen und kein Benzin bzw. Diesel verbrauchen.

Da die Anzeige eine sehr ausgeprägte Einzigartigkeit und Originalität besitzt, besteht die Gefahr, dass der Betrachter sich nur an das kreative Bild erinnert und es später nicht mit der Marke Honda assoziiert. Ein weiterer Kritikpunkt ist, dass interessierte Konsumenten enttäuscht sein könnten, da das Produkt auf dem deutschen Markt mittelfristig nicht verfügbar sein wird. Ein nicht erfülltes Werbeversprechen könnte mit Honda in Verbindung gebracht werden.

Aufgrund der Tatsache, dass Honda auf dem deutschen Markt nicht das Image eines ökologieorientierten sowie innovativen Unternehmens besitzt, mit der Anzeige jedoch sehr stark an einem ökologisch-verantwortungsvollen und innovativen Profil arbeitet und sichtlich eine Umpositionierung sowie eine neue Markenidentität anvisiert, existiert das Risiko, dass die vermittelten Erlebnisse nicht in das Markenbild der Konsumenten passen. Erschwerend kommt hinzu, dass Honda im gleichen Zeitraum Anzeigen schaltete, die

---

[221] Vgl. o.V. (2008), http://www.welt.de/wirtschaft/article2109199/Aus_diesem_Auto_kommt_nur_noch_Wasserdampf.html?nr=1&pbpnr=0 [Stand: 31.07.2008].

überhaupt keine ökologischen Elemente beinhalteten. So geschehen im Magazin Der Spiegel vom 28.7.2008 auf Seite 21.

4.4 Bewertung der Anzeigenwerbungen

Abbildung 18 fasst die Erkenntnisse der Anzeigenanalyse zusammen. Es wird ersichtlich, dass sich die vier verschiedenen Anzeigen sehr unterschiedlicher gestalterischer Mittel und Aktivierungen bedienen sowie verschiedene Zielgruppen ansprechen. Die Wahl der Bildelemente und der Werbebotschaft ist somit sehr stark von der Positionierung des Unternehmens abhängig.

	Toyota Prius	Audi A3	CLC Sportcoupé	Honda FCX Clarity
Seitenzahl	1 Seite	2 Seiten	2 Seiten	2 Seiten
Werbeträger	Der Spiegel	Der Spiegel	Stern	Stern
Platzierung	zu Beginn	Mitte	zu Beginn	zwischen Beginn und Mitte
Kommunikation ökologischer Aspekte	stark	sehr gering	nicht vorhanden	sehr stark
Zielgruppen	ökologisch-orientierte *innovators/early adopters*	technikaffine ZG, die nach Fahrspaß und Prestige streben	Daimler-treue ZG, die nach Fahrspaß und Prestige streben	Analysten, *opinion leader*, ökologisch-orientierte Gesellschaftsgruppen
Consumer Benefit	Umweltverträglichkeit, Komfort, Leistung	Prestige, Leistung, neueste Technik	Prestige, Leidenschaft, Sportlichkeit	Umweltverträglichkeit, Nachhaltigkeit
Tonality emotional informativ	stark stark	sehr stark mittel	sehr stark nicht vorhanden	sehr stark nicht vorhanden
Aktivierung kognitiv emotional physisch	mittel gering mittel	mittel stark stark	mittel-stark stark stark	stark sehr stark stark
Atmosphärische Art der Werbung	naturverbunden, sachlich Markenimage, Produktimage	kühl, elegant Produktbekanntheit, Markenimage	elegant, geheimnisvoll Produktbekanntheit, Markenimage	naturverbunden, Ende des Ölzeitalters Unternehmensimage, Markenimage
fit der Anzeige mit Markenpositionierung	übereinstimmend mit Toyota Prius, nicht aber vollkommen konform mit Toyota	übereinstimmend	übereinstimmend	nicht übereinstimmend (Umpositionierung angestrebt)
Werbeelemente Bilder Fließtexte Slogans/Überschriften	stark mittel mittel-stark	sehr stark mittel mittel	sehr stark nicht vorhanden mittel	sehr stark gering gering

Abbildung 18: Werbeanalytische Zusammenfassung der vier Printanzeigen[222]

[222] Eigene Darstellung.

Es können die zwei Anzeigen, die ökologische Aspekte aufgreifen, den zwei Inseraten, die kaum einen bis überhaupt keinen Umweltbezug enthalten, voneinander abgegrenzt werden. Dabei lassen sich zwei fundamentale Unterschiede in der Bildgestaltung feststellen. Audi und Mercedes-Benz, die das Umweltthema in ihren Anzeigen vernachlässigen, stellen das beworbene Auto in den Bildmittelpunkt. Design, sportliche Fahreigenschaften sowie Prestige werden in erster Linie beworben. Die Rolle des *eyecatcher* kommt dem Toyota Prius und dem Honda FCX Clarity wiederum nicht zu. Bei diesen Inseraten ist das Automobil nur sehr klein abgebildet. Die Hersteller legen eher auf eine Kommunikation Wert, die sehr stark das Thema Ökologie in den Mittelpunkt rückt. Ökologie und Auto, die beide zu High Involvement-Themenfeldern aus Konsumentensicht gehören, werden miteinander kombiniert. So ist es den Werbetreibenden möglich, eine starke Emotionalisierung zu erreichen.[223] Zwei in der Triebkräfte-Matrix unter Punkt 2.6 identifizierten Themenfelder mit hoher Relevanz für die Automobilbranche, das Umweltbewusstsein der Verbraucher und neue Antriebsformen, finden bei diesen Anzeigen Berücksichtigung. Des Weiteren ist die Atmosphäre der Anzeigen ungleich. Vermitteln die A3- und die CLC-Werbung ein elegantes, kühles und geheimnisvolles Klima, versuchen die Werbemacher Hondas und Toyotas, dass ihre Anzeigen naturverbunden und freundlich wirken.

Die A3- und die CLC-Anzeige sind sehr identisch hinsichtlich Atmosphäre, Erlebnisvermittlung und Tonality aufgebaut. Zwischen den Anzeigen, die mit umweltschonenden Aspekten argumentieren, existieren wiederum größere Unterschiedlichkeiten (siehe Abbildung 18). So versucht die Honda-Werbung mittels kognitiver Aktivierung und starker Appellierung an das ökologische Gewissen (emotionale Tonality) eine Wirkung bei den Verbrauchern hervorzurufen. Informative Tonality, also Kraft des besseren Argumentes zu überzeugen, existiert kaum bis überhaupt nicht. Im Gegensatz dazu versucht der Toyota Prius mit einer Kombination aus informativer Tonalität durch Verwendung von Fließtext sowie emotionaler Tonalität durch die bildhafte Betonung des Umweltgedankens zu überzeugen.

Honda nutzt auch eine andere Werbeart wie Mercedes, Toyota und Audi. Der Fokus liegt auf einer Umpositionierung des Marken- und Unternehmensimage. Der FCX Clarity kommt zwar in absehbarer Zeit nicht auf den deutschen Markt. Doch soll vor allem kommuniziert werden, dass Honda der erste Autohersteller ist, der auf dem umkämpften internationalen Automobilmarkt ein Auto mit Brennstoffzellentechnologie serienmäßig produzieren kann.

---

[223] Vgl. Punkt 3.3.2.

Dadurch soll eine ökologisch-orientierte Markenidentität aufgebaut und ein *first mover*-Vorteil erreicht werden.[224]

Abbildung 19 zeigt eine Werbepositionierungsmatrix bezüglich der vier Anzeigen und verdeutlicht visuell die Unterschiede zwischen den Anzeigen. Die Anzeige für den A3 benutzt nur ansatzweise mit dem Verweis auf die „hocheffiziente Common-Rail-Dieseltechnologie" umweltschonende Aspekte und das Inserat für das CLC Sportcoupé verzichtet gänzlich, was auch der Positionierung der Marke Mercedes-Benz geschuldet ist, auf die Kommunikation ökologischer Argumente. Des Weiteren machen beide Inserate überwiegend von emotionaler Argumentation Gebrauch. Vor allem die CLC Sportcoupé-Anzeige versucht, mittels emotionaler Merkmale der Marke Mercedes-Benz den Kunden zu überzeugen. Audi bedient sich zwar auch sachlicher Informationen. Doch überwiegt die Vermittlung emotionaler Eindrücke ebenso.

Zwischen den Werbeanzeigen von Toyota und Honda ist wiederum – trotz einer Gemeinsamkeit hinsichtlich der Betonung eines ökologischen Nutzens – in der Argumentation zu differenzieren. Honda benutzt fast ausschließlich eine emotionale Argumentation, indem an ethische und ökologische Haltungen appelliert wird. Toyota integriert diesen Aspekt zwar in seine Anzeige. Die Vermittlung von sachlichen Produktinformationen, die die Produktvorteile darstellen sollen, überwiegt jedoch.

---

[224] Vgl. Punkt 2.4.2.

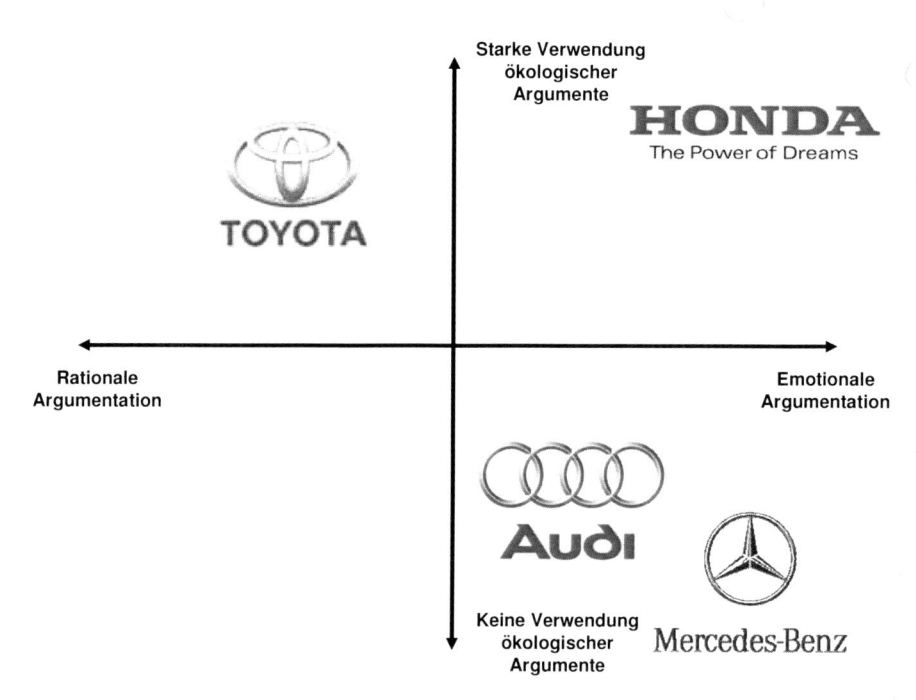

Abbildung 19: Werbepositionierungsmatrix der vier analysierten Anzeigen[225]

Weitere Aspekte, die in der Triebkräfte-Matrix als relevant für die Autobranche eingestuft worden sind, namentlich Umweltschutzvorgaben und die hohen Spritkosten, finden keine Beachtung in den Anzeigen. Eine explizite Kommunikation bezüglich finanzieller Einsparungen durch einen geringeren Spritverbrauch findet nicht statt und wird höchstens angedeutet.

Die These unter Punkt 2.4.2, dass deutsche Automobilbauer alternative Antriebe vernachlässigen und asiatische Unternehmen die Möglichkeit erkannt haben, sich mit den neuen Technologien vom Wettbewerb zu differenzieren, wird sehr deutlich. Die A3-Anzeige kommuniziert zwar eine „hocheffiziente Dieseltechnologie", bleibt jedoch in der Angabe des Spritverbrauchs sehr vage. Mercedes-Benz greift diesen Ansatz erst gar nicht auf.

Zudem entspricht die Verbindung der zwei High Involvement-Themen Automobil und Natur nicht der Positionierung deutscher Unternehmen. Die Attribute Qualität, Prestige, Fahrspaß, die die deutschen Premium-Autobauer wie Daimler und Audi für ihre Markenidentität beanspruchen, sind für diese Hersteller derzeit nicht mit dem Öko-Trend vereinbar. Dass

---

[225] Eigene Darstellung.

eine Umpositionierung jedoch möglich ist, zeigt das Beispiel Toyotas. Honda versucht derzeit, die Anzeige verdeutlicht dies, den Umbruch zum innovativen und nachhaltig agierenden Unternehmen.

5 Strategische Handlungsempfehlungen

In diesem Kapitel werden strategische Handlungsempfehlungen bezüglich der Gestaltung von Automobilwerbung gegeben. Dabei werden die Ergebnisse der vorangegangen Kapitel beachtet. Eng verbunden mit der Frage, wie ein Autohersteller zukünftig Werbung gestalten sollte, ist die strategische Entscheidung, welche Positionierung das Unternehmen wählt und wie es auf die aktuellsten Entwicklungen, die unter Punkt 2 analysiert wurden, reagiert.

5.1 Handlungsempfehlungen für die strategische Ausrichtung der Automobilhersteller

In den vorangegangenen Kapiteln und durch den Einsatz der Triebkräftematrix wurden verschiedene Einflussfaktoren identifiziert, die die Automobilindustrie hinsichtlich ihrer strategischen Ausrichtung mittel- bis langfristig vor neue Herausforderungen stellen werden.[226] Die signifikantesten Faktoren, die durch Automobilwerbung aktiv beeinflussbar sind, werden im Folgenden behandelt:

- Änderung des Nachfrageverhaltens (Kundenstruktur, Verlust der gesellschaftlichen Mitte),
- neue und effizientere Antriebe,
- steigende Kraftstoffkosten sowie
- zunehmendes Umweltbewusstsein breiter Bevölkerungsschichten.

Die Änderung des Nachfrageverhaltens wird maßgeblich von demographischen, sozialen sowie sozio-ökonomischen Entwicklungen bestimmt. Die Kundenstruktur wandelt sich dahingehend, dass Senioren, Singles sowie weibliche Autofahrer ein größeres Gewicht bei den strategischen Überlegungen der Autowirtschaft haben werden.[227] Damit gehen höhere Anforderungen an die Fahrzeugeigenschaften Komfort und Sicherheit einher. Außerdem wird die Individualisierung der Gesellschaft zu individuelleren Kundenwünsche führen.[228] Singles und Zwei-Personen-Haushalte, die zusammen 71 Prozent der deutschen Gesellschaft ausmachen, müssen bei ihrer Fahrzeugwahl nämlich keine Rücksicht auf die mobilen Bedürfnisse eines größeren Personenhaushaltes legen. Infolgedessen

---

[226] Vgl. Punkt 2.6.
[227] Vgl. Punkt 2.3.1 und 2.3.2.
[228] 2.3.1.

sollten sich Automobilhersteller auf vielfältige Autokonzepte, Nischenfahrzeuge und Kleinwagen konzentrieren.[229]

Des Weiteren führt die Erosion der Mittelschicht, die unter Punkt 2.2.2 behandelt wurde, zu einer verstärkten Nachfrage nach Kleinwagen und Autos der Premiumklasse. Analog zu diesen Entwicklungen wird die Automobilwirtschaft gefordert sein, ein Uptrading oder ein Downtrading ihres Portfolios vorzunehmen.[230]

Abbildung 9 unter Punkt 2.5.1 zeigt, dass die steigenden Spritkosten und das Umweltbewusstsein vieler Konsumenten den Druck auf die Automobilindustrie erhöhen, ihre Antriebe verbrauchs- und emissionsärmer zu machen. Die derzeitige Verunsicherung in der Automobilindustrie hinsichtlich des Umgangs mit den neuen Technologien wird durch sehr unterschiedlich ausfallende Studien gestärkt. Laut einer McKinsey-Studie sind 85 Prozent der Autofahrer nicht bereit für umweltschonende Technologien mehr Geld zu bezahlen.[231] Eine Untersuchung von PricewaterhouseCoopers kommt zu dem Ergebnis, dass nur jeder fünfte Autofahrer bereit ist, die Mehrkosten eines Hybridautos zu bezahlen.[232] Andererseits wirkt sich das Umweltbewusstsein der Konsumenten doch auf ihr Kaufverhalten aus. 72 Prozent der Deutschen wollen wahrscheinlich bei ihrem nächsten Autokauf auf den CO_2-Ausstoß des Fahrzeuges achten.[233]

Für die Automobilwirtschaft offenbart sich ein Dilemma. Sicherheits-, Preis- und Komfortansprüche der Kunden sind derzeit mit umweltschonenden Aspekten nicht vereinbar. Es will zwar keiner mehr bestreiten, dass in neuen Antrieben die Zukunft der Automobilbranche liegt.[234] Die Frage stellt sich nur, wann die neuen Antriebe preislich für die Konsumenten akzeptabel sind. Folglich wandelt die Automobilindustrie auf einem schmalen Grat. Wird die neue Technik ohne Aufpreis angeboten, müssen Gewinneinbußen hingenommen werden. Wird keine umweltfreundliche Technologie in den Neufahrzeugen eingesetzt, werden hohe Ausgleichzahlungen an die EU fällig.[235]

---

[229] Vgl. Dudenhöffer (2006), S. 32f.
[230] Vgl. Dudenhöffer (2006), S. 32.
[231] Vgl. Freitag; Kröher (2008), S. 124.
[232] Vgl. PwC (2007),
http://www.pwc.de/portal/pub/!ut/p/kcxml/04_Sj9SPykssy0xPLMnMz0vM0Y_QjzKLd4p3dg0CSYG YLm4W-pEQhgtEzCDeESESpO-t7-
uRn5uqH6BfkBsaUe7oqAgAOq82vw!!?siteArea=49c234c4f2195056&content=e5eab44d0af7085& topNavNode=49c4e4a420942bcb [Stand: 07.08.2008].
[233] Vgl. Motor-Informations-Dienst (2007), o.S.
[234] Vgl. Wüst (2008), S. 40ff.
[235] Vgl. Freitag; Kröher (2008), S. 124.

Obwohl zurzeit alle großen Unternehmen sehr rege Forschungsaktivitäten hinsichtlich neuen und effizienteren Antriebsformen unternehmen, sind die Marketingstrategien sehr unterschiedlich. Asiatische Hersteller wie Toyota und Honda werben intensiv mit Umweltaspekten, wohingegen sich europäische Hersteller diesbezüglich sehr verhalten zeigen.[236] Diese Strategie scheint trotz intensiv geführter Umweltdebatte nicht falsch zu sein, verzeichnen doch BMW, Audi und Daimler weiterhin Absatzzuwächse.[237]

Automobilhersteller müssen in den nächsten Jahren ihre Bemühungen in der Forschung weiterhin ausbauen, um den Benzinverbrauch und den Emissionsausstoß so gering wie möglich zu halten, die neuen Technologien kostengünstig zu gestalten und um sich schließlich einen *first mover advantage* zu sichern. Die Ansprüche der Kunden sollten sehr genau untersucht werden. Nicht zuletzt stellt die umweltbewusste und kaufkraftstarke Zielgruppe der LOHAS ein wachsendes Segment dar.

Das Marketing der Automobilkonzerne muss in diesem Zusammenhang auf das Umweltbewusstsein und die gestiegene Preissensibilität vieler Käufer angemessen reagieren. Die Amortisation des höheren Kaufpreises von Autos mit alternativen Antrieben, die sich im Laufe der Zeit durch geringere Betriebskosten einstellt, muss preissensible Kunden erreichen. Außerdem müssen erfolgreiche Automobilkonzerne der Zukunft eine emotionale Verbindung zwischen den neuen Technologien, dem Prestige- und Erlebnisprodukt Auto und dem Umweltbewusstsein vieler Verbraucher herstellen.[238] Schlussendlich gilt auch, dass Positionierung und Marke im Sinne eines *strategic fit* aufeinander abgestimmt sein müssen.

5.2 Handlungsempfehlungen für das Markenmanagement und die Werbung von Automobilunternehmen

Die Automobilbranche sieht sich der Gefahr von Absatzeinbrüchen aufgrund des zunehmenden Umweltbewusstseins und der langfristig steigenden Kraftstoffpreise gegenüber.[239] Die Werbung der Automobilhersteller darf in diesem Zusammenhang die Themen, die das Konsumentenverhalten direkt beeinflussen, nicht vermeiden, sondern es muss mit der Integration von Ethik und Ökologie in das Werbekonzept nachhaltige Alleinstellungsmerkmale schaffen. Voraussetzung dafür ist, dass die Strategie zu der Marke passt und –

---

[236] Vgl. o.V. (2007), S. 14.
[237] Vgl. o.V. (2008), http://www.handelsblatt.com/unternehmen/industrie/bmw-haengt-mercedes-und-audi-ab;1440044 [07.08.2008].
[238] Vgl. Dudenhöffer (2008), S. 32. o.V. (2007), S. 14.
[239] Vgl. Motor-Informations-Dienst (2007), o.S.

falls eine Umpositionierung stattfindet – diese konsequent und glaubwürdig verfolgt wird. So wurde Toyota, einer Studie der Unternehmensberatung Oliver Wyman, zufolge zum umweltfreundlichsten Autohersteller in Deutschland gewählt.[240] Der Erfolg ist auf eine überzeugende Werbestrategie und der Stimmigkeit zwischen Produktportfolio und Kommunikation zurückzuführen.

Eine starke Marke wird zunehmend wichtiger. Sie muss Emotionen vermitteln und Identifikationsmöglichkeiten schaffen sowie den Konsumenten gleichzeitig einen Orientierungspunkt bieten. Doch sollten in der Werbung der Automobilhersteller auch konkrete Produktvorteile thematisiert werden. Die branchenübliche Konzentration auf die Vermittlung von emotionalen Aspekten in der Werbung wird in der Zukunft allein nicht mehr ausreichen.[241] Zu stark sind Preissensibilität und Umweltbewusstsein der Verbraucher ausgeprägt. Die emotionale Werbung sollte durch einen sachlich dargestellten Produktnutzen ergänzt werden.[242]

Das Markenmanagement der Unternehmen wird somit immer wichtiger werden und auch wie die Marke werbetechnisch auf die aktuellen Veränderungen reagiert. Doch muss von einem Opportunismus gegenüber dem Zeitgeist abgeraten werden. Eine Marke muss ihr Profil wahren und sollte nicht jeden Trend mitverfolgen. Priorität besitzt die Wahrung von Alleinstellungsmerkmalen.

Die Werbung der Automobilhersteller wird sich auf die beschriebenen Entwicklungen einstellen und sie in ihren Werbekonzepten berücksichtigen sowie integrieren müssen. Das Automobilunternehmen, das den Verbrauchern Authentizität und konkrete Produktvorteile vermittelt und es zudem schafft, glaubwürdig auf gesellschaftliche Entwicklungen zu reagieren, wird in Zukunft erfolgreich sein.

---

[240] Vgl. Schobelt (2007), S. 16.
[241] Vgl. Mercedes-Benz-Anzeige Punkt 4.3.5 und 4.3.6.
[242] Vgl. Prius-Anzeige Punkt 4.3.1 und 4.3.2.

6 Schlusswort

Automobilunternehmen werden sich mittel- bis langfristig mit der Frage auseinandersetzen müssen, ob sie einen strategischen Positionierungswechsel vornehmen. Die Untersuchung hat aufgezeigt, dass umweltbewusste Verbraucher und die Notwendigkeit von effizienteren weniger kraftstoffverbrauchenden Fahrzeugen eine bedeutsame Rolle in der automobilen Zukunft spielen werden. In der Anzeigenanalyse wird deutlich, dass erste Hersteller wie Honda und Prius diesen Trend in ihrer Kommunikation und Unternehmenspositionierung aufgreifen. Andere Unternehmen wie Audi und Mercedes-Benz füllen ihre Werbung nicht mit diesen Aspekten und haben trotzdem weiterhin hohe Absatzzahlen auf dem stagnierenden deutschen Markt.

Diese Arbeit kommt zu dem Schluss, dass umweltbewusste Kommunikation keine Voraussetzung des unternehmerischen Erfolges ist. Ein Autohersteller kann einerseits durch die Integration von ökologischen Elementen Alleinstellungsmerkmale und Wettbewerbsvorteile generieren. Zudem liefern die Erhöhung von Kraftstoffpreisen und die Besteuerung nach Kohlenstoffdioxid weitere Kaufargumente für umweltfreundliche Autos. Die Anforderung an die Kommunikation der Automobilhersteller wird darin bestehen, preisbewussten Konsumenten zu vermitteln, dass sich der höhere Kaufpreis eines Autos mit neuen Technologien durch geringere Unterhaltungskosten amortisieren wird. Andererseits werden in absehbarer Zeit auch andere Faktoren wie Image, Fahrzeugleistung, Komfort etc. weiterhin eine große Rolle bei der Kaufentscheidung spielen. Des Weiteren wird das emotionale Profil einer Automobilmarke das Kaufverhalten entscheidend mitbestimmen.

Erfolgreiche Automobilhersteller werden in Zukunft zwar auch zunehmend wieder sachliche Informationen in ihre Kommunikation integrieren, um aufgeklärte Konsumenten befriedigen zu können. Automobilwerbung muss folglich durch bildhafte Sprache emotionale Werte in den Köpfen der Verbraucher verankern; gleichzeitig sollten Produktvorteile mittels Text dargestellt werden. Die emotionale Positionierung einer Marke bleibt aber weiterhin ein ausschlaggebendes Kaufargument.

Eine Wahrung des strategischen Profils, das authentisch und glaubwürdig Werte transportiert, wird eine Schlüsselposition im Kampf um Marktanteile auf dem Automobilmarkt einnehmen. Das Kommunikationskonzept muss zudem auf das Produktportfolio abgestimmt sein. Unglaubwürdigkeit in der Vermittlung von Werten ist dem Image einer Marke abträglich und würde langfristig das emotionale Profil verwässern.

Durch die Veränderung der Kundenstruktur und des Nachfrageverhaltens wird die angemessene zielgruppenspezifische Kommunikation einen wesentlichen Erfolgsfaktor darstellen. Außerdem werden segmentspezifische Konzepte aufgrund der steigenden Anzahl von Clustergruppen schwerer zu entwickeln sein. Um hohe Streuverluste zu vermeiden, verstärkt sich das Erfordernis, Marketingaktivitäten individueller zu gestalten.

Schlussendlich bleibt festzuhalten, dass die Verbindung von zwei High Involvement-Themen, Automobil und Umweltschutz, vor dem Hintergrund umweltbewusster Konsumenten wie die LOHAS, Automobilherstellern einen strategischen Vorteil verschaffen wird. Nichtsdestotrotz stellt das Automobil immer noch ein Prestigeprodukt dar, das aufgrund seines Markenprofils gekauft werden wird.

Anhang

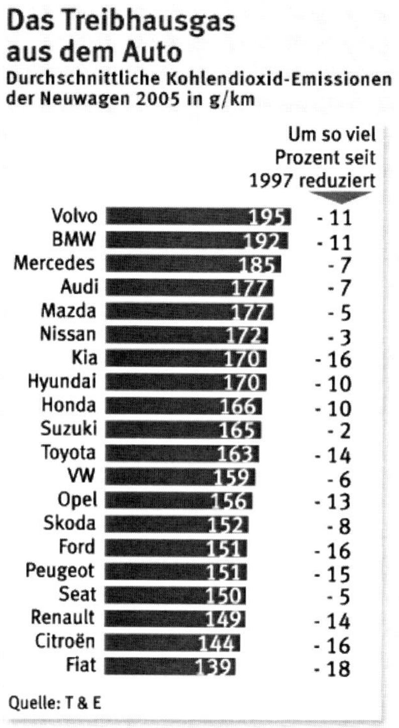

Das Treibhausgas aus dem Auto
Durchschnittliche Kohlendioxid-Emissionen der Neuwagen 2005 in g/km

Marke	g/km	Um so viel Prozent seit 1997 reduziert
Volvo	195	-11
BMW	192	-11
Mercedes	185	-7
Audi	177	-7
Mazda	177	-5
Nissan	172	-3
Kia	170	-16
Hyundai	170	-10
Honda	166	-10
Suzuki	165	-2
Toyota	163	-14
VW	159	-6
Opel	156	-13
Skoda	152	-8
Ford	151	-16
Peugeot	151	-15
Seat	150	-5
Renault	149	-14
Citroën	144	-16
Fiat	139	-18

Quelle: T & E

Abbildung 20: Treibhausgase aus dem Auto[243]

---

[243] o.V. (2008), http://www.faz.net/s/RubD16E1F55D21144C4AE3F9DDF52B6E1D9/Doc~E884B6B21558F45E4A57E0A106F8C68A0~ATpl~Ecommon~SMed.html#EDA20965E8C247C48947C07B2FDC6400 [Stand: 23.07.2008].

Mediengruppe	Volkswagen		Opel		Toyota		Renault-Nissan		DaimlerChrysler		Automarkt Gesamt	
	in Mio.	in %	in Mio.	in %	in Mio.	in %	in Mio.	in %	in Mio.	in %	in Mio.	in %
Zeitungen	41,48	22,3	76,49	49,7	40,82	28,5	35,84	29,3	46,91	45,1	494,65	31,1
Zeitschriften	37,12	19,9	18,96	12,3	38,30	26,7	21,28	17,4	29,10	28,0	320,97	20,2
Fernsehen	92,58	49,6	40,47	26,3	56,97	39,7	54,19	44,3	23,08	22,2	615,49	38,7
Radio	5,11	2,7	16,49	10,7	3,79	2,6	10,38	8,5	3,12	3,0	126,06	7,9
Plakate	10,39	5,6	1,42	0,9	3,52	2,5	0,61	0,5	1,82	1,8	35,12	2,2
Gesamt	186,68	100	153,83	100	143,41	100	122,33	100	104,05	100	1592,30	100

Abbildung 21: Der Mediamix ausgewählter Automobilhersteller im Jahr 2005[244]

	Van	Mini-Van	Kombi	Stufenheck	Steilheck	Off-Road	Roadster	Cabrio	Coupé	MAV	SUV	...
> 55.000 €						Luxusklasse						
30.000 - 55.000 €						Premiumklasse						
10.000 - 30.000 €						Volumen-Segment/Mittelklasse						
< 10.000 €						Unteres-Preis-Segment						

Abbildung 22: Klassifizierung des Modells- und Variantenangebotes im Automobilmarkt[245]

---

[244] Diez (2006), S. 448.
[245] Möhlen (2006), S. 12.

Literaturverzeichnis

Behrens, G. u.a.: Werbung. Artikel in: Gabler Lexikon Werbung. Wiesbaden (2001).

Behrens, K. C.: Absatzwerbung. Wiesbaden (1963).

Bruhn, M.: Kommunikationspolitik. Systematischer Einsatz der Kommunikation von Unternehmen. 3. Auflage. München (2005).

Diez, W.: Automobil-Marketing. Erfolgreiche Strategien. Praxisorientierte Konzepte. Effektive Instrumente. 4. Auflage. Landsberg/Lech 2001.

Diez, W.: Automobil-Marketing. Navigationssystem für neue Absatzstrategien. 5. Auflage. Landsberg/Lech 2006.

Hopfenbeck, W.: Umweltorientiertes Management und Marketing. Konzepte, Instrumente, Praxisbeispiele. 3. Auflage. Landsberg/Lech (1994).

Hünerberg, R.; Heise, G.; Hoffmeister, M.: Internationales Automobil-Marketing. Wiesbaden (1995).

Hüser, A.: Marketing, Ökologie und ökonomische Theorie. Wiesbaden (1996).

Kotler, P.: Marketing Management – Analysis, Planning, Implementation, and Control. 9. Auflage. New Jersey (1998).

Kotler, P.; Bliemel, F.: Marketing Management. Analyse, Planung, Verwirklichung. 10. Auflage. Stuttgart (2001).

Kotler, P.; Keller, K.: Marketing Management. 12. Auflage. New Jersey (2006).

Kroeber-Riel, W.: Strategie und Technik der Werbung. 3. Auflage. Stuttgart (1990).

Kuhne, D.: Der Einfluß höherer Kraftstoffpreise auf die Luftschadbelastung durch den Personenverkehr privater Haushalte. Wuppertal (2001). promotion

Lambsdorff, H.G.: Werbung mit Umweltschutz. Frankfurt am Main (1993).

Longman, K.: Advertising. USA (1971).

Meffert, H.: Marketing. Grundlagen marktorientierter Unternehmensführung. Konzepte – Instrumente – Praxisbeispiele. 8. Auflage. Wiesbaden (1998).

Meffert, H.; Kirchgeorg, M.: Marktorientiertes Umweltmanagement. Grundlagen und Fallstudien. 2. Auflage. Stuttgart (1993).

Möhlen, M.: Automobil-Marketing. Entwicklung eines Kommunikationskonzeptes für Premiumanbieter auf dem deutschen Automobilmarkt im Hinblick auf die Zielgruppe Senioren 50plus. Hamburg (2006).

Rogge, H.-J.: Werbung. Modernes Marketing für Studium und Praxis. 4. Auflage. Ludwigshafen (1996).

Schweiger, G.; Schrattenecker, G.: Werbung. 6. Auflage. Stuttgart (2005).

Tischler, K.: Ökologische Betriebswirtschaftslehre. München (1996).

Ulrich, H.: Die Betriebswirtschaftslehre als anwendungsorientierte Sozialwissenschaft. In: Geist, M., Köhler, R.: Die Führung des Betriebes. Bern/Stuttgart (1981). S. 1-25.

Quellenverzeichnis

Zeitschriften

Bell, M.: o.T. Artikel in: werben und verkaufen. Nr. 47 (2007). S. 26.

Bethge P. u.a.: Wege aus der Treibhausfalle. Artikel in: Der Spiegel. Nr. 45 (2006). S. 78-96.

Dudenhöffer, F.: Der Automarkt im Spiegel gesellschaftlicher Entwicklungen. Artikel in: marketingjournal. Nr. 01-02 (2006). S. 32-34.

Follath, E.; Jung A.: Die Quelle des Krieges. Artikel in: Der Spiegel. Nr. 22 (2004). S. 106-119.

Freitag, M.; Kröher, M.: Ökorennen. Artikel in: Manager Magazin. Nr. 6 (2008). S. 124.

Gierl, H.: Ökologische Einstellungen und Kaufverhalten im Widerspruch. Artikel in: Markenartikel. Nr. 12 (1989). O.S.

Krix, P. (2006), Volkswagen als Werbekrösus. Artikel in: Automobilwoche. Nr. 1-2 (2006), S. 10.

Kropitz, G.: Auf der grünen Welle. Artikel in: Extradienst. Nr. 9 (2007). S. 228.

o.V.: Kaufkriterium CO_2-Ausstoß: Das Tauziehen um Kunden. Artikel in: Motor-Informations-Dienst. o.Nr. (2007). o.S.

o.V.: Wunsch und Wirklichkeit - Zwischen PS und CO_2 - der Spagat der Automobilhersteller. Artikel in: kfz-Betrieb. Nr. 43 (2007). S. 14.

Pfriem, R.: Der Nutzen von Ökobilanzen. Thesen aus der Sicht ökologischer Unternehmensführung. Artikel in: Umweltschutz. Gewinn für die Zukunft. Lengerich (1987). o.S.

Redaktion von Der Spiegel: Korrekturen zu Spiegel 28/2008. Hinweis in: Der Spiegel. Nr. 29 (2008). S. 13.

Reiermann, C.: Gefährlicher Cocktail. Artikel in: Der Spiegel. Nr. 27 (2008). S. 22-25.

Schobelt, F.: Ethik und Ökologie Nachhaltigkeit als Wettbewerbsfaktor. Artikel in: media & marketing. Nr. 11 (2007). S. 14.

Traufetter, G.: Abschied vom Weltuntergang. Artikel in: Der Spiegel. Nr. 19 (2007). S. 142-156.

Wimmer, F.; Schuster R.: Ökologisches Marketing. Artikel in: Umweltorientierte Unternehmensführung. Herausgegeben vom Umweltbundesamt. Berlin (1991). S. 825-852.

Wüst, C.: Fahren ohne Feuer. Artikel in: Der Spiegel. Nr. 31 (2008). S. 40-49.

Internetquellen

1ARatgeberrecht (2006): Pkw-Werbung - Angaben zu Verbrauch und Emissionen erforderlich. Online im Internet: URL: http://www.openpr.de/ [Stand: 27.07.2008].

ADAC (2001): Toyota Prius 1,5 Hybrid. Online im Internet: URL: http://www.adac.de/ [Stand: 14.07.2008].

ARD-Forschungsdienst (2000): Aktuelle Ergebnisse der Werbewirkungsforschung. Online im Internet: URL: http://www.media-perspektiven.de/ [Stand: 22.07.2008].

Büttner, R. (2008): Schweinerei im Tank. Online im Internet: URL: http://www.spiegel.de/ [Stand: 14.07.2008].

DAT (2008): Leitfaden zu Kraftstoffverbrauch und CO_2-Emissionen. Online im Internet: URL: http://www.dat.de/ [Stand: 09.07.2008].

Der Spiegel (2008): Media Spiegel. Online im Internet: URL: http://media.spiegel.de/ [Stand: 26.07.2008].

Die Bundesregierung (2007): Folgen des Klimawandels für die Entwicklungsländer. Online im Internet: URL: http://www.bundesregierung.de/ [Stand: 19.07.2008].

Justen, K. (2006): Das ändert sich 2007. Online im Internet: URL: http://www.sueddeutsche.de/ [Stand: 8.7.2008].

Keimer, J. (2004): MA 2004II: SPIEGEL baut Position in den TOP-Zielgruppen aus. Online im Internet: URL: http://www.spiegelgruppe.de/ [Stand: 26.07.2008].

o.V. (2003): Gesellschaftliche Leitmilieus. Marken – Meinungen – Medien. Online im Internet: URL: http://www.lombard-media.lu/ [Stand: 27.07.2008].

o.V. (2004): Hybridmotoren: Verschlafen deutsche Autokonzerne neuen Trend?. Online im Internet: URL: http://www.vistaverde.de/ [Stand: 15.07.2008].

o.V. (2004): Stern. Online im Internet: URL: http://www.lombard-media.lu/ [Stand: 27.06.2008].

o.V. (2005): Auto-Umweltliste: Deutsche Hersteller abgehängt. Online im Internet: URL: http://www.vistaverde.de/ [Stand: 15.07.2008].

o.V. (2006): Personenverkehr. Online im Internet: URL: http://www.hvv-futuretour.de/ [Stand: 18.07.2008].

o.V. (2007): Kräftiger Dämpfer für Wirtschaftswachstum. Online im Internet: URL: http://www.tagesspiegel.de/ [Stand: 10.07.2008].

o.V. (2007): Spritsparen per Gesetz. Online im Internet: URL: http://www.focus.de/ [Stand: 09.07.2007].

o.V. (2008): Die Erosion der Mittelschicht. Online im Internet: URL: http://www.finanzen.net/ [Stand: 12.07.2008].

o.V. (2008): Aus diesem Auto kommt nur noch Wasserdampf. Online im Internet: URL: http://www.welt.de/ [Stand: 31.07.2008].

o.V. (2008): CO2-Ausstoß bestimmt ab 2010 Kfz-Steuer. Online im Internet: URL: http://www.focus.de/ [Stand: 09.07.2008].

o.V. (2008): Deutsche Wirtschaft schrumpft erstmals seit vier Jahren. Online im Internet: URL: http://www.spiegel.de/ [Stand: 12.07.2008].

o.V. (2008): Erneuerbare Elektromobilität – Hintergrundinformation. Online im Internet: URL: http://www.unendlich-viel-energie.de/ [Stand: 17.07.2008].

o.V. (2008): Honda baut erstes Auto mit Brennstoffzelle. Online im Internet: URL: http://www.abendblatt.de/ [Stand: 17.07.2008].

o.V. (2008): Konjunkturerwartungen so niedrig wie nie, Euro so teuer wie nie. Online im Internet: URL: http://www.spiegel.de/ [Stand: 11.07.2008].

o.V. (2008): ma 2008II: Stern festigt hohes Reichweitenniveau. Online im Internet: URL: http://www.ad-hoc-news.de/ [Stand: 26.07.2008].

o.V. (2008): Millionen von Autofahrern droht höhere Kfz-Steuer. Online im Internet: URL: http://www.spiegel.de/ [Stand: 09.07.2008].

o.V. (2008): Ohne Strom fährt künftig gar nichts. Online im Internet: URL: http://www.focus.de/ [Stand: 17.07.2008].

o.V. (2008): ROUNDUP 2: Konsumklima kühlt ab - ifo sieht 2009 Ende des Aufschwungs. Online im Internet: URL: http://www.finanznachrichten.de/ [Stand: 10.07.2008].

o.V. (2008): Sinkende Konsumstimmung drückt Wachstumsprognose. Online im Internet: URL: http://www.gfk.com/ [Stand: 11.07.2008].

o.V. (2008): VW will bis 2010 Elektroauto präsentieren. Online im Internet: URL: http://www.wirtschaftsblatt.at/ [Stand: 15.07.2008].

o.V. (o.D.): EUCAR - The European Council for Automotive R & D. Online im Internet: URL: http://www.eucar.be/ [Stand: 09.07.2008].

o.V. (o.D.): Kleines Ökolexikon der Autobranche. Online im Internet: URL: http://www.spiegel.de/ [Stand: 14.07.2008].

o.V. (o.D.): Mit Wasserstoff und Stern. Online im Internet: URL: http://www.energie-info.net/ [Stand: 15.07.2008].

o.V. (o.D.): What is PEST-Analysis? Description. Online im Internet: URL: http://www.12manage.com/ [Stand: 07.07.2008].

o.V. (o.D.): Wulff für SPD-Vorschlag, Oettinger dagegen. Online im Internet: URL: http://www.focus.de/ [Stand: 09.07.2008].

Paeger, J. (2008): Die Erde wird wärmer. Online im Internet: URL: http://www.klimawandel-verstehen.de/ [18.07.2008].

PWC (2007): Kein Aufpreis für den Klimaschutz - Hybrid-Pkw sind deutschen Autofahrern zu teuer. Online im Internet: URL: http://www.pwc.de/ [Stand: 18.07.2008 und 07.08.2008].

PWC (2008): Preissensibilität der Käufer hemmt umweltfreundliche Technologien. Online im Internet: URL: http://www.pwc.de [Stand: 16.07.2008].

Recklies, D. (2006): Die PEST(LE) Analyse. Online im Internet: URL: http://www.themanagement.de/ [Stand: 07.07.2008].

Siedenbiedel, C. (2008): Die Rückkehr der Stagflation. Online im Internet: URL: http://www.faz.net [Stand: 10.07.2008].

Sohn, G. (2007): Deutsche Automobilindustrie hat Zukunft verschlafen. Online im Internet: URL: http://www.pressetext.at/ [Stand: 16.07.2008].

Stern (2008): Stern Profil 2008. Online im Internet: URL: http://www.gujmedia.de/ [Stand: 27.07.2008].

Thompson, J. (2002): What is PEST analysis? What are the main aspects of PEST analysis?. Online im Internet: URL: http://www.coursework4you.co.uk/ [Stand: 07.07.2008].

UPI-Institut (1998): Motorisierungsgrad global. Online im Internet: URL: http://www.upi-institut.de/ [Stand: 19.07.2008].

Zukunftsinstitut (2007): Wird jetzt alles grün und alles gut?. Online im Internet: URL: http://www.sonnenseite.com/ [Stand: 27.07.2008].

Kontaktpersonen

Löhn, H., Brennstoffzellen-Forscher an der TU Darmstadt: Experteninterview (04.08.2008).

VDM

Verlag Dr. Müller

Wissenschaftlicher Buchverlag bietet

kostenfreie

Publikation

von

wissenschaftlichen Arbeiten

Diplomarbeiten, Magisterarbeiten, Master und Bachelor Theses
sowie Dissertationen, Habilitationen und wissenschaftliche Monographien

Sie verfügen über eine wissenschaftliche Abschlußarbeit zu aktuellen oder zeitlosen Fragestellungen, die hohen inhaltlichen und formalen Ansprüchen genügt, und haben **Interesse an einer honorarvergüteten Publikation**?

Dann senden Sie bitte erste Informationen über Ihre Arbeit per Email an info@vdm-verlag.de. Unser Außenlektorat meldet sich umgehend bei Ihnen.

VDM Verlag Dr. Müller Aktiengesellschaft & Co. KG
Dudweiler Landstraße 125a
D - 66123 Saarbrücken

www.vdm-verlag.de